LE CONCEPT DE MONDE
CHEZ HEIDEGGER

SUR HEIDEGGER À LA MÊME LIBRAIRIE

HEIDEGGER M., *Les conférences de Cassel. 1925*, introduction, édition et traduction J.-Cl. Gens, 2003.

ARRIEN S.-J. et CAMILLERI S. (éd.), *Le jeune Heidegger. 1909-1926*, 288 p., 2011.

BEAUFRET J., *De l'existentialisme à Heidegger. Introduction aux philosophies de l'existence*, 184 p., 1986.

COURTINE J.-F., *Heidegger et la phénoménologie*, 408 p., 1990.

– (dir.), *Heidegger 1919-1929. De l'herméneutique de la facticité à la métaphysique du Dasein*, 240 p., 1996.

– (dir.), *L'Introduction à la métaphysique de Heidegger*, 240 p., 2007.

DASTUR F., *Heidegger. La question du logos*, 256 p., 2007.

– *Heidegger et la pensée à venir*, 256 p., 2011.

GADAMER H.-G., *Les chemins de Heidegger*, traduction J. Grondin, 288 p., 2002.

JOLLIVET S. et ROMANO Cl. (éd.), *Heidegger en dialogue. 1912-1930*, 304 p., 2009.

KELKEL A.L., *La légende de l'Être. Langage et poésie chez Heidegger*, 640 p., 1980.

LEVINAS E., *En découvrant l'existence avec Husserl et Heidegger*, 336 p., 2001, rééd. 2010.

MABILLE B., *Hegel, Heidegger et la métaphysique. Recherches pour une constitution*, 400 p., 2004.

PAULHAC F., *Quelques pages sur Heidegger*, 60 p., 2006.

ROSEN S., *La question de l'être. Heidegger renversé*, 368 p., 2008.

SCHNELL A., *De l'existence ouverte au monde fini. Heidegger 1925-1930*, 256 p., 2005.

ZARADER M., *Heidegger et les paroles de l'origine*, préface E. Levinas, 320 p., 1990.

– *Lire Être et Temps de Heidegger*, 129 p., 2012.

– *La dette impensée. Heidegger et l'héritage hébraïque*, 240 p., 2014.

BIBLIOTHÈQUE D'HISTOIRE DE LA PHILOSOPHIE

Fondateur Henri GOUHIER   Directeur Emmanuel CATTIN

Walter BIEMEL

LE CONCEPT DE MONDE CHEZ HEIDEGGER

Deuxième édition

PARIS

LIBRAIRIE PHILOSOPHIQUE J. VRIN

6 place de la Sorbonne, V e

2015

Ce travail fut d'abord esquissé en allemand. Pour la traduction française, l'auteur se sent tout spécialement obligé envers M. Charles-Bernard Demeure de Lespaul et M. Jean Ladrière.

L'auteur désire exprimer également sa reconnaissance à M. Alphonse de Waelhens, dont les remarques critiques lui ont toujours été précieuses.

L'éditeur remercie Jeanne Delamarre d'avoir introduit les références à l'édition Gallimard de *Être et Temps* à la suite de celles indiquées à *Sein und Zeit*.

Pour la première édition, Vrin – Nauwelaerts, 1950
Pour la présente édition en poche, 2015

© *Librairie Philosophique J. VRIN*
Inmprimé en France
ISSN 0249-7980
ISBN 978-2-7116-2667-0
www.vrin.fr

INTRODUCTION

Le but de cet exposé n'est pas seulement d'isoler et d'expliciter un concept de la philosophie de Heidegger. Tout concept, en effet, s'insère en quelque sorte dans un ensemble et une telle entreprise devrait donc nécessairement rester fragmentaire. Nous essayerons d'approcher la pensée du philosophe en montrant – au moins schématiquement – comment se pose pour lui un des problèmes fondamentaux de la philosophie. Pareille compréhension n'est possible qu'à la condition de suivre le problème dans son développement. Si, arrivé au terme de notre essai, nous constatons qu'il n'est que le point de départ d'une nouvelle méditation, si, en d'autres termes, nous voyons que le problème n'est nullement épuisé, l'entreprise tentée n'aura pas été vaine ; elle nous aura permis d'entrevoir en quoi consistent la démarche et la méthode de notre philosophe.

Avant de commencer l'exposé proprement dit, il convient d'examiner comment le problème du monde s'impose à Heidegger. Un problème authentique n'est jamais posé arbitrairement par le penseur, mais il est enraciné dans son existence. Existence avec laquelle lui sont donnés les problèmes fondamentaux comme une tâche qu'il doit assumer.

Nous prendrons comme point de départ *Sein und Zeit*[1], dont la problématique fondamentale est celle du sens de l'Être. Pour l'aborder, il faut trouver une base adéquate à partir de laquelle le problème peut se développer. Elle doit nous donner les moyens d'élaborer l'interrogation elle-même. C'est pourquoi Heidegger part du *Dasein*. À cet étant[2] il est donné en « existant » de comprendre son être. « *La compréhension de l'être est elle-même une détermination d'être du* Dasein »[3]. Ce qui signifie que le *Dasein* a, en tant qu'il est, une certaine relation avec l'Être[4].

1. M. Heidegger, *Sein und Zeit*, Niemeyer-Verlag, Halle, 1927, 5ᵉ édition inchangée (Désormais citée *S. u. Z.*); voir aussi A. de Waelhens, *La philosophie de Martin Heidegger*, Institut Supérieur de Philosophie, Louvain, 3ᵉ édition (réimpression), 1948.

2. Nous traduisons le terme allemand « Seindes » par étant. C'est le terme général qui englobe tout ce qui est – aussi bien le *Dasein* que les choses, ustensiles, etc.

3. Les traductions des citations ne peuvent que rarement rejoindre l'original, nous avons cru utile, afin d'éviter tout malentendu, de donner en note la référence à l'édition allemande à chaque fois. *S. u. Z.*, p. 12 ; [*Note de l'éditeur* : Même si les citations sont traduites dans cet ouvrage par l'auteur du livre, nous indiquons également en notes la référence à l'édition française disponible de *Être et Temps*, trad. F. Vezin, Paris, Gallimard, 1986 (désormais cité *ET*), p. 36. Nous tenons à signaler qu'il existe une autre traduction de *Être et Temps* en français par Emmanuel Martineau, qui est hors commerce, mais cependant toujours disponible sur internet.]

4. Sur la conception du Da-Sein, *cf.* L'introduction à la traduction de *Von Wesem der Wahrheit*, Nauwelaerts, Louvain, 1948 ; trad. fr. A. de Waelhens et W. Biemel, *De l'essence de la vérité*, dans *Questions I et II*, Paris, Gallimard, 1968, (désormais cité *EV*) ; M. Heidegger, *Was ist Metaphysik?*, 5ᵉ édition (surtout la préface « Der Rückgang in den Grund der Metaphysik »), Vittorio Klostermann, Frankfurt-am-Main, 1949 ; trad. fr. H. Corbin, *Qu'est-ce que la métaphysique?*, dans *Questions I et II*, *op. cit.* ; *Cf.* aussi W. Biemel, *Heideggers Begriff des Daseins*, Studia Catholica, Juin 1949. [*Note de l'éditeur* : Pour les références aux ouvrages de Heidegger, nous conservons dans le corps du texte la traduction qu'avait faite l'auteur du texte allemand, et nous indiquons en notes la pagination de l'édition française sans en reprendre la traduction.]

Après avoir indiqué le point de départ d'une telle interrogation, il s'agit maintenant de découvrir le moyen d'approcher et d'expliciter cet « étant » qui, par sa compréhension de l'Être, a une position privilégiée vis-à-vis des autres étants[1].

> La modalité de l'approche et de l'explicitation doit être… choisie de telle façon que cet étant puisse se manifester en soi et par soi. Elle doit manifester l'étant comme il est *d'abord et d'habitude*, c'est-à-dire dans son existence *quotidienne*. Il s'agit de mettre en lumière non pas quelques structures arbitraires et accidentelles de cet étant, mais les structures essentielles, se manifestant de façon permanente dans chaque modalité du *Dasein* concret, comme déterminant son être[2].

L'étant que nous devons analyser est donc l'étant que nous sommes nous-mêmes. L'être de cet étant est pour chacun de nous « mien » (*jemeinig*). Cette caractéristique de l'existence, qui la fait « *mienne* » pour chaque *Dasein*, conduit Heidegger à dire que la « *miennéité* » (*Jemeinigkeit*) est un caractère général de tout *Dasein*.

Dès le début de son existence, mon être m'est donné comme un devoir. En d'autres termes, il m'est imposé de devoir-être (*Zu-sein*). « Als seiendes dieses Seins ist es (*sc.* das *Dasein*) je seinem eigenen Zu-sein uberantwortet »[3]. En tant que le *Dasein est*, il s'agit pour lui de réaliser son être. Cette tâche ne reste pas un but extérieur à accomplir, mais elle est toujours déjà réalisée dans chacun des comportements, dans chacune des attitudes et des activités du *Dasein* : c'est une

---

1. En ce qui concerne la situation privilégiée du *Dasein* comme point de départ de l'interrogation, cf. *S. u. Z.*, § 4.
2. *S. u. Z.*, p. 16-17; *ET*, p. 41-42.
3. *S. u. Z.*, p. 41; *ET*, p. 73.

tâche à laquelle il ne peut pas échapper. C'est ce que signifie l'expression devoir-être (*Zusein*). La manière dont cette tâche est reconnue et assumée par chacun de nous, décide de l'authenticité ou de l'inauthenticité de notre être.

La modalité d'être, selon laquelle l'étant (l'homme) doit être son être propre, est la modalité existentielle. L'être du *Dasein* c'est son existence. Heidegger donne donc au *Dasein* la caractéristique suivante : « l'essence de cet étant consiste dans son devoir-être. La quiddité (*essentia*) de cet étant, si on peut parler d'elle, doit être comprise à partir de son être (*existentia*)[1]. » L'être qu'il doit réaliser dans son existence est son propre être, c'est ce qu'exprime le mot *miennéité* (*Jemeinigkeit*).

Après avoir indiqué sommairement le caractère existentiel du *Dasein*, il convient de préciser le sens des termes *existence* et *exister*. Heidegger les réserve exclusivement à l'étant du type du *Dasein*, c'est-à-dire à l'étant à qui il est donné de devoir exister, d'assumer la réalisation de son être. Il n'est donc pas possible, à strictement parler, de dire d'une table qu'elle existe, parce qu'elle ne peut aucunement assumer son être propre. Et cela parce qu'elle n'est pas ouverte aux étants, parce qu'elle ne peut les dévoiler, parce qu'elle n'a, en somme, aucun contact avec eux. L'ouverture aux étants suppose l'ouverture à l'Être lui-même[2]. C'est en ce sens que Heidegger écrit, dans l'introduction à *Was ist Metaphysik?* :

> Que signifie donc existence (…) ? Le mot désigne un mode de l'Être, à savoir l'être de cet étant qui se tient ouvert pour

---

1. *S. u. Z.*, p. 42 ; *ET*, p. 73.
2. Sur la notion d'« ouverture », *cf.* M. Heidegger, *De l'essence de la vérité*.

l'ouverture de l'Être, dans laquelle il se tient, tandis qu'il la soutient[1].

Si nous disons qu'on ne peut employer, dans la terminologie heideggerienne, le mot *exister* pour désigner l'être d'un objet comme une table, nous ne voulons aucunement nier la réalité de cette table, mais simplement attirer l'attention sur ce fait que l'idée d'être exprimée dans la phrase : « la table *est* » est différente de l'idée d'être exprimée dans la phrase « *l'homme existe* ». La cause de cette différence, c'est précisément qu'il est impossible à un objet comme une table de se tenir ouvert et de rencontrer d'autres étants – et corrélativement qu'il lui est impossible de prendre une attitude personnelle vis-à-vis de son propre être, de *devoir-être*.

Mais si la notion d'existence convient seulement au *Dasein* et non aux choses comprises comme « étant-simplement donnés »[2], alors les caractères typiques du *Dasein* ne peuvent être entendus eux non plus comme des « propriétés » (*Eigenschaften*) qui conviennent aux choses. Ils doivent plutôt se rapporter à l'être compris comme existence (devoir-être). Heidegger dit en effet explicitement que les caractères du *Dasein*, ce qu'on appelle d'habitude ses « propriétés », ne sont que des modalités possibles du pouvoir-être[3].

C'est la distinction entre le *Dasein* et l'étant non-humain qui détermine Heidegger à séparer les éléments (moments) qui se réfèrent à la structure du *Dasein*, les existentiaux, des catégories qui se réfèrent aux étants non-humains[4]. Au cours de notre exposé, cette distinction va s'éclaircir et s'approfondir ;

1. *Was ist die Metaphysik?*, (désormais cité *WM*), p. 14 ; *Qu'est-ce que la Métaphysique?*, *op. cit.*, (désormais cité *QM*), p. 34.
2. Nous traduisons « Vorhandenes » par étant-simplement-donné.
3. *S. u. Z.*, p. 42 ; *ET*, p. 73-74.
4. *S. u. Z.*, p. 44 ; *ET*, p. 75-76. Cf. Note 29.

nous devons nous limiter ici à esquisser le cadre dans lequel se déroulera la problématique du monde.

Quel peut bien être le rapport de tout ce que nous venons de dire avec le problème du monde ? Apparemment, il n'y en a pas. Mais les choses vont nous apparaître tout autrement dès le moment où nous nous apercevrons que le problème du monde ne peut être posé qu'à partir du *Dasein*. S'il en est ainsi, en effet, il devient absolument nécessaire de comprendre la structure fondamentale du *Dasein* pour saisir le problème du monde. Que la problématique du monde soit intimement liée à celle du *Dasein*, c'est ce qui se manifeste clairement dans la définition que donne Heidegger du *Dasein*, comme « être-dans-le-monde » et dans ce qu'il dit de l'« existence » et de la « miennéité » : les deux caractéristiques du *Dasein* « doivent être vues et comprises *a priori* sur la base de cette modalité d'être que nous nommons l'être-dans-le-monde »[1].

L'être-dans-le-monde détermine donc d'avance, d'une certaine manière, l'existence du *Dasein* et la miennéité. De la compréhension de cette modalité d'être (être-dans-le-monde) va dépendre la saisie adéquate des éléments structurels du *Dasein*.

1. *S. u. Z.*, p. 53 ; *ET*, p. 86.

PRÉLIMINAIRE

Dans l'expression « être-dans-le-monde » apparaît pour la première fois la notion du monde. La suite montrera toute l'importance de cette nouvelle façon de concevoir le *Dasein* et le changement qu'elle apporte par rapport à la conception traditionnelle partant de l'*ego* pur. Mais dès maintenant nous devons faire remarquer ceci : cette expression n'est nullement une simple constatation de fait selon laquelle le *Dasein* réel serait dans un monde, comme les objets, les arbres, les maisons etc., mais elle vise un caractère fondamental du *Dasein* et possède la signification d'une thèse ontologique[1].

L'expression « être-dans-le-monde » n'ayant pas le sens qu'on lui prête habituellement, nous devons nous livrer à un examen approfondi des éléments structurels qui constituent la modalité d'être[2].

Le caractère composé de l'expression « être-dans-le-monde » nous montre qu'il s'agit d'une réalité complexe, unifiée structurée en elle-même. Les éléments constitutifs de cette structure sont : 1) le monde et ce qui caractérise le monde comme tel, c'est-à-dire la mondanéité (*die Weltlichkeit der*

---

1. *Cf.* M. Heidegger, *Vom Wesem des Grundes*, Niemeyer, Halle, p. 83, (désormais cité *VWG*); trad. fr. H. Corbin, *Ce qui fait l'être-essentiel d'un fondement ou « raison »*, (désormais cité *EEF*), dans *Questions I et II, op. cit.*, p. 150.

2. *Cf.* chap. 3-5, IVᵉ section de *S. u. Z.*

Welt) ; 2) l'étant qui existe « dans-le-monde » ; 3) l'*être-dans* (*In-sein*). Dans notre exposé, consacré au problème du monde, nous insisterons surtout sur « la mondanéité du monde » (le IIIe chapitre de *Sein und Zeit*). Toutefois, nous devons décrire également les autres éléments constitutifs dont nous venons de parler, parce qu'ils sont tous liés entre eux. Dès maintenant, nous attirons l'attention sur le fait que le chapitre qui va être exposé a pour fonction de préparer la problématique du monde proprement dite. Tout ce qui sera dit dans ce chapitre sera repris sur un plan supérieur dans la problématique transcendantale [1].

Dans le deuxième chapitre (première section) de *Sein und Zeit*, Heidegger signale une première caractéristique de l'*être-dans*, distinguant nettement « être-dans-le-monde » du *Dasein* de l'*être-dans* (au sens d'être contenu dans…) d'un objet. Dans la phrase : le *Dasein* est dans le monde, le *dans* a une toute autre signification que dans la phrase : l'encre est dans l'encrier. Pour ce dernier cas, le *dans* exprime une détermination spatiale, qui est établie entre deux ou plusieurs étants. Par contre, le *dans* de l'être-dans-le-monde se réfère à une attitude de familiarité. Il signifie « être familier avec… », *être-auprès* (*Seinbei*) [2]. Cet *auprès* n'exprime pas non plus une relation spatiale, mais le fait que nous sommes auprès de… ce qui nous est cher, de ce qui nous est connu : c'est-à-dire que nous sommes, en quelque façon, liés à ce auprès de quoi nous nous tenons. Il est faux de dire « la table est auprès de la porte », parce que, au fond, la table n'existe pas ; elle ne peut avoir aucun comportement à l'égard de la porte, aucune relation de familiarité avec elle. La différence qui existe entre la proximité purement spatiale et la proximité au sens de

1. Voir la deuxième partie de ce travail.
2. *S. u. Z.*, p. 54 ; *ET*, p. 87.

familiarité s'exprime en français par la différence entre les termes *près* et *auprès*. S'il arrive qu'on utilise ce dernier terme pour désigner une relation purement spatiale, c'est plutôt par négligence ou parce qu'on accomplit un transfert du domaine humain au domaine non-humain.

Mais en établissant cette distinction, Heidegger ne nie pas que l'homme ne possède aussi une certaine spatialité, il précise simplement que cette spatialité ne peut se comprendre à partir de l'espace pur. Comme nous le verrons, celui-ci n'est qu'une transformation (par abstraction) de l'espace typiquement humain. Il est faux de lier originairement l'homme à un corps et à un espace géométrique. Cette façon de procéder rend impossible toute vue adéquate de l'espace originel propre au *Dasein*, qui est celui dans lequel il ne cesse de se mouvoir et qui est infiniment plus riche que l'espace scientifique.

PREMIÈRE PARTIE

Chapitre premier

LE PROBLÈME DU MONDE

Le troisième chapitre de *Sein und Zeit* commence par la phrase suivante : « L'être-dans-le-monde sera d'abord éclairci par l'« étude » de l'élément structurel « monde » »[1]. Heidegger expose les méthodes possibles selon lesquelles on a essayé de saisir le monde. Il ne s'agit pas d'une énumération arbitraire d'essais d'interprétation ; ces différents essais sont présentés selon un ordre qui correspond aux attitudes plus ou moins philosophiques auxquelles ils rejoignent. Par cet exposé, Heidegger veut justifier sa propre voie, son propre essai. Mais d'où tient-il le critère qui lui permet de juger de la valeur de son essai par rapport aux autres ?

Sa justification consiste dans l'ampleur et dans la profondeur mêmes des vues que sa méthode lui permet d'ouvrir sur le problème en question. La voie qui sera choisie, c'est celle qui lui permettra de pénétrer le plus profondément dans la problématique, d'éclaircir toute une série de questions restées jusque-là insurmontables. Bien entendu, cela suppose qu'en cherchant la voie juste on soit guidé déjà par une certaine intuition de la fin vers laquelle on se dirige. Nous nous trouvons ici en face d'une situation inhérente à toute philosophie. Il

1. *S. u. Z.*, p. 63 ; *ET*, p. 98.

est impossible de ne rien présumer, de ne rien savoir du but que l'on veut atteindre. La marche de la pensée est en elle-même circulaire, c'est-à-dire progressive et régressive ; progessive, en ce sens qu'une certaine intuition anticipative de la fin est nécessaire pour mettre la pensée en marche, régressive en ce sens que la pensée doit revenir à son point de départ pour assurer, élargir, approfondir la base même de son interrogation. La valeur propre de la démarche, considérée dans son ensemble, sera garantie par l'ampleur même de la vision anticipative et par le bien-fondé du point de départ.

La réponse la plus immédiate, mais aussi la plus insuffisante, au problème de la nature du monde, est celle qui commence par énumérer ce qu'il y a *dans* le monde. Des animaux, des plantes, des objets, etc. Même si nous réussissons à décrire de la façon la plus complète les différentes espèces d'étants intra-mondains, nous n'arriverons jamais, par ce moyen, à saisir le monde comme tel, mais seulement ce qu'il y a « dans » le monde.

On peut cependant procéder de façon plus systématique, en éliminant différentes régions d'étants et en fixant les caractères distinctifs de chacune de ces régions. Ou bien, on peut encore rechercher la région en quelque sorte fondamentale, la *nature*. Mais, utiliserions-nous même pour comprendre la matière les derniers résultats des sciences mathématiques de la nature, nous n'en aurions pas encore atteint pour autant le monde proprement dit. De même si nous prenons pour point de départ, non la nature matérielle, mais une valeur surajoutée, nous n'arriverons pas toujours à saisir le monde comme tel ; car il est toujours présupposé à de telles démarches. Ce n'est qu'à partir du monde, en effet, que l'on peut saisir la « valeur » des objets et non inversement.

Aucune des différentes possibilités ne fournit donc la clef du problème ; aussi Heidegger change-t-il de position. Si le monde ne peut être saisi comme caractère des objets, si les choses doivent toujours le présupposer, n'est-il pas possible de découvrir le monde sous la forme d'un « *Seinscharakter des Daseins* », d'un caractère existential du *Dasein*[1] ?

Ce changement de position n'élimine nullement toutes les difficultés d'un seul coup ; au contraire, une nouvelle série de questions surgit aussitôt. Cette façon de procéder, qui consiste de passer de question à question avant d'aborder la solution proprement dite, est tout à fait typique pour Heidegger. Mais au fond, la suite des questions renferme déjà une certaine anticipation de la réponse ; cette suite comporte toujours chez lui un ordre interne et ne se réduit nullement à une simple accumulation des questions possibles. Voici, à titre d'exemple, les questions qu'il pose à propos du problème qui nous occupe :

> Serait-il possible que finalement le « monde » ne soit pas une détermination de l'étant en question (*sc.* de l'étant non-humain) ? Et cependant nous appelons cet étant un étant ultra-mondain. Le « monde » n'est-il pas un caractère existential du *Dasein* ? Chaque *Dasein* a-t-il « d'abord » son monde ? Le « monde » ne devient-il pas dès lors quelque chose de « subjectif » ? Comment alors un monde « commun », « dans » lequel nous *sommes* serait-il encore possible ? Et si nous posons la question du « monde », *quel* monde visons-nous ? Ni ce monde-ci, ni ce monde-là, mais *la mondanéité du monde en général*. De quelle façon découvrir ce phénomène[2] ?

On voit clairement qu'avec l'énoncé des différentes questions se précise la marche à suivre. Le problème comme tel commence à se structurer, à prendre forme. Ce qui est en question, c'est la *mondanéité du monde* ; Heidegger entend

1. *S. u. Z.*, p. 64 ; *ET*, p. 99.
2. *Ibid.*

par là ce qui constitue le monde comme tel, abstraction faite de la question de savoir s'il s'agit d'un monde personnel ou d'un monde public. Heidegger a aussi affirmé clairement que le monde doit être considéré comme une détermination du *Dasein*. La notion du monde qu'il a en vue a, dit-il, une signification ontologico-existentiale. Que veut-il dire exactement par là ? Pour comprendre cette expression, il faut analyser le sens des termes « ontique » et « ontologique ».

La différence entre ce qui est ontologique et ce qui est ontique est fondée sur la différence entre l'*être* et l'*étant*. Nous pouvons considérer ce qui est (l'étant) simplement comme il est. Notre point de vue est alors *ontique* ; il se réfère à l'ὄν, *ens*, *Seiendes*. Mais nous pouvons essayer de comprendre l'*être* de l'étant, ce qui fait que l'étant est ce qu'il est, c'est-à-dire sa structure fondamentale ; alors la question ne s'arrête pas simplement à l'étant, tel qu'il est donné, mais elle tente de comprendre l'étant *en tant* qu'étant, l'être de l'étant. Telle est précisément la problématique *ontologique*[1].

Quand il dit que la notion « monde » est une notion ontologico-existentiale, Heidegger veut exprimer d'abord que l'interrogation ne s'arrête pas à une description du monde mais tend à dégager la *structure essentielle* (l'être) ; en ce sens la notion est ontologique. Il veut indiquer ensuite que cette structure est enracinée dans l'existence humaine ; tel est le sens du terme « existential ». Le « monde », considéré ontologiquement, n'est pas une détermination de l'étant non-humain, mais un caractère du *Dasein* lui-même[2].

---

1. Plus tard Heidegger va distinguer cette problématique de la problématique proprement dite de l'Être. Celle-ci ne vise pas seulement l'être de l'étant (l'*étantité* – *Seiendheit*) mais l'Être comme tel. Voir l'introduction à *Was ist Metaphysik ?*

2. *S. u. Z.*, p. 64 ; *ET*, p. 99-100.

Cette conception de la mondanéité, considérée comme un caractère existential du *Dasein*, est-elle plus fondée que celle qui identifie le monde aux étants ? Les questions soulevées ont éveillé en nous un doute et celui-ci n'est nullement apaisé par le choix du point de départ qui nous est propre. Mais tel est bien précisément le but de Heidegger. Il n'a pas l'intention de forcer notre assentiment mais seulement d'indiquer la direction dans laquelle nous devons chercher la réponse. En dirigeant nos regards vers le but visé, nous comprendrons mieux les différentes phases de cette pensée.

Mais pourquoi nous indique-t-il cette direction et non pas une autre ? Parce que c'est là qu'il a trouvé la solution. Il ne nous donne pas une description de tous les chemins parcourus, mais il se limite à nous indiquer celui au terme duquel la solution s'est révélée. Nous ne devons pas oublier que le cours de l'exposé est polarisé par la fin : s'il peut nous conduire, c'est qu'il part de la fin. Mais l'*énoncé* de la solution n'est pas pour nous, qui lisons le texte, la solution elle-même ; celle-ci ne se présentera comme telle à notre esprit qu'à l'issue de tout le développement qui nous est proposé.

Heidegger attire l'attention sur le fait que la tâche d'une « description » du monde n'est pas des plus simples, même si nous accordons que le monde doit être considéré comme un attribut du *Dasein*. Aussi expose-t-il les différents sens que peut prendre le concept « monde ». Il s'agit là d'une démarche dont on ne peut se passer, parce que le problème posé ne sera vraiment résolu qu'au moment où l'indigence nécessaire des solutions insuffisantes aura été pleinement reconnue et comprise. Hegel a usé de ce procédé avec une maîtrise incomparable ; il existe, sur ce point, une parenté incontestable entre lui et Heidegger.

Le concept de monde a différentes significations :

1) « (Le concept) "monde" est employé comme terme ontique et désigne la totalité des étants qui peuvent être présents au sein du monde »[1]. En ce sens, c'est un concept ontique parce qu'il se réfère seulement à l'étant sans pénétrer jusqu'à l'être de l'étant.

2) « Le monde joue le rôle d'un terme ontologique et signifie l'être de l'étant cité au n° 1 »[2]. Dans ce sens, la notion du monde peut ne viser qu'une région déterminée de l'étant. Cette région contient d'ailleurs une diversité d'étants. Ainsi, le « monde » du mathématicien comprend « la région des objets possibles des mathématiques »[3].

3) La troisième signification du concept « monde » se réfère au *Dasein* lui-même. Monde veut dire : ce en quoi (*Worin*) le *Dasein* concret vit. Par exemple, son monde personnel, ou le monde public. Cette signification est ontique ; elle diffère de la signification n° 1 en ce que l'étant auquel elle se réfère est ici le *Dasein*. Elle se borne à indiquer comment le *Dasein* vit réellement, sans essayer d'analyser la « structure » intrinsèque qui rend cette vie possible. Heidegger ajoute néanmoins que cette signification est « préontologico-existentielle »[4]. Que signifie cette expression ?

Le *Dasein* a été caractérisé comme l'étant auquel il est donné d'exister, c'est-à-dire qui a toujours, et nécessairement, un comportement déterminé à l'égard de son être. Ce comportement présuppose une certaine compréhension de son être. Nous avons appelé la compréhension explicite de

---

1. *S. u. Z.*, p. 64 ; *ET*, p. 100.

2. *Ibid.*

3. Heidegger considère la conception scientifique de l'étant comme ontologique, parce qu'il y a toujours une certaine interprétation de l'être.

4. *Eine vorontologisch-existenzielle bedeutung.*

l'être une « compréhension ontologique »[1] ; c'est pourquoi le *Dasein*, comprenant toujours d'une certaine façon l'être, est en lui-même ontologique. Mais il y a une différence entre la compréhension ordinaire de l'être (sans laquelle le *Dasein* ne pourrait exister) et la compréhension thématique, explicite, qui pose la question du sens de l'être – et qui constitue la compréhension ontologique proprement dite. Pour les distinguer, Heidegger nomme la première une « compréhension préontologique ». Et comme le *Dasein* est dans son monde en existant, la compréhension de son être et du monde est – sur ce plan – une compréhension existentielle, ce qui veut dire qu'elle est en relation avec son existence de fait[2].

4) Il y a une quatrième signification du terme « monde » « désignant la notion ontologico-existentiale de la *mondanéité* »[3]. Cette notion est ontologique parce qu'elle vise la structure de l'être du monde, ce qui appartient nécessairement à chaque monde comme tel – la mondanéité. Et elle est existentiale, en ce sens qu'elle est saisie d'un élément structurel du *Dasein*.

Pour distinguer nettement l'être-dans-le-monde du *Dasein* de la présence au monde des objets, Heidegger emploie pour les objets l'expression « *weltzugehörig* » (appartenant au monde) ou « *innerweltlich* » (intramondain).

Dans les interprétations habituelles, le monde n'est pas considéré comme un élément structurel du *Dasein* ; en effet, le *Dasein* lui-même n'est pas compris comme être-dans-le-monde. Or, si l'on méconnaît cette structure du *Dasein*, on ne peut saisir la mondanéité du monde. On s'en tient au

1. *Cf. S. u. Z.*, p. 12 ; *ET*, p. 36.
2. Tout ce qui est en relation avec l'existence de fait est appelé *existentiel* (*existenziel*), tout ce qui est en relation avec la structure de l'existence est appelé *existential* (*existenzial*).
3. *S. u. Z.*, p. 65 ; *ET*, p. 100.

contraire à une certaine région d'étants intramondains, – région qui, comme telle, n'est même pas, explicitement du moins, découverte dans l'existence quotidienne : *la nature* [1]. La nature est considérée comme le fondement sur lequel nous édifions d'autres couches d'étants qui appartiendraient au domaine des « valeurs ». Heidegger explique comment cette soi-disant nature-fondement ne peut se découvrir à nous qu'à la faveur d'une certaine modification de notre perspective qui équivaut à une *démondanéisation* du monde (*Entweltlichung der Welt*) [2].

> La « nature » comme terme catégorial qui enveloppe les structures d'être d'un certain étant intramondain… ne peut jamais nous rendre compréhensible la *mondanéité* [3].

Il s'agit donc de démontrer *pourquoi* le problème de la mondanéité nous échappe d'habitude, et comment il faut procéder pour éviter cette erreur [4].

Nous prenons pour point de départ le *Dasein* dans son existence quotidienne [5]. « Le monde habituel du *Dasein* quotidien est le monde environnemental (*Umwelt*) » [6]. Heidegger décrit comme suit l'allure générale de la démarche qu'il nous propose :

> La recherche prend son départ dans le caractère existential de l'être-dans-le-monde quotidien pour arriver à l'idée de la mondanéité en général. Nous chercherons à découvrir la mondanéité du monde environnant (*Umweltlichkeit*) à travers

---

1. *Nature* au sens de l'objet des sciences naturelles.
2. Voir p. 76.
3. *S. u. Z.*, p. 65; *ET*, p. 101.
4. *S. u. Z.*, p. 66; *ET*, p. 101.
5. Nous traduisons par « existence quotidienne » le terme allemand « *durchschnittliche Alltäglichkeit* ».
6. *S. u. Z.*, p. 66; *ET*, p. 101.

une interprétation ontologique de l'étant intramondain le plus proche [1].

Pour saisir la façon dont se constitue la mondanéité du monde de l'existence quotidienne, analysons un étant intramondain appartenant à ce monde. Du fait qu'il s'agit d'un étant intramondain, il doit être possible de saisir, d'une certaine manière, son caractère *mondain*.

1. *S. u. Z.*, p. 66; *ET*, p. 101-102.

CHAPITRE II

L'ÊTRE DE L'ÉTANT INTRAMONDAIN

L'existence quotidienne se caractérise par son commerce (*Umgang*) avec l'étant intramondain ; commerce qui se produit sous les différentes modalités de la préoccupation (*Besorgen*). Ce n'est pas la connaissance pure de l'étant qui préoccupe le *Dasein* quotidien, mais le maniement, l'utilisation, l'emploi [1].

De quelle façon l'étant est-il présent au *Dasein* dans sa préoccupation ? Nous l'apprendrons en nous transportant nous-mêmes au sein de la préoccupation, sous ses différentes

---

1. *Cf.* aussi le § 13 de *Sein und Zeit* où Heidegger démontre que la connaissance théorique est un mode spécial de l'être-dans-le-monde, caractérisé justement par le fait qu'il se limite à la pure observation (*Nur-noch-Hinsehen*). De ce point de vue, ce mode d'existence est un mode déficient (parce qu'il se borne à regarder). Ce paragraphe est important également par la critique qu'il comporte de la conception traditionnelle du problème de la connaissance, selon laquelle il y avait opposition entre une sphère transcendante et une sphère immanente. Heidegger écrit : « *Im Sichrichten auf und Erfassen geht das Dasein nicht etwa erst aus seiner Innensphäre hinaus, in die es zunächst verkapselt ist, sondern es ist seiner primären Seinsart nach immer schon "draussen" bei einem begegnenden Scienden der je schon entdeckten Welt.* », p. 62 ; « En se dirigeant sur... pour concevoir, le *Dasein* ne commence pas par quitter en, quelque sorte sa sphère intérieure dans laquelle il serait d'abord bouclé, au contraire, de par son gendre d'être primitif il est toujours déjà « au-dehors » auprès d'un étant se rencontrant dans le monde chaque fois déjà dévoilé. », *ET*, p. 96.

formes. En vérité, nous ne devons pas nous y transporter parce qu'au fond nous nous y trouvons déjà par notre contact journalier avec l'étant. La difficulté consiste précisément à éviter une déviation du regard, toujours enclin à ne pas tenir compte des phénomènes les plus habituels – comme la préoccupation quotidienne – à négliger « du même coup l'étant tel qu'il se manifeste de lui-même *dans* la préoccupation et pour elle »[1].

On pourrait croire que nous retardons inutilement le cours de l'exposé, en faisant montre de précautions superflues ; ne s'agit-il pas de choses connues de tout le monde ? Mais précisément en quoi consiste cette connaissance commune ? Si nous nous demandons ce qui nous est donné dans notre préoccupation quotidienne, nous répondrons : des *choses* (*Dinge*). Qu'est ce qui fait qu'une chose est une chose, en d'autres termes, en quoi consiste la choséité (*Dinglichkeit*) d'une chose ?

Cette question comporte deux réponses, courantes : pour les uns, c'est la *réalité*, au sens de la matérialité (substantialité), qui constitue l'être des choses – et elle s'explique par l'étendue ; pour d'autres, les choses sont des *objets de valeur*. Partir de l'une ou de l'autre de ces conceptions, c'est donc passer à côté du caractère typique des choses, tel qu'il se manifeste dans la préoccupation.

Le mot grec qui désigne la « chose » est : πραγμα. Si Heidegger revient souvent à la signification grecque des notions qu'il utilise, il ne le fait pas par prédilection pour la sémantique, dans le simple désir de signaler le sens donné autrefois à ces notions, mais parce qu'il considère la pensée grecque comme plus originelle que la pensée moderne. Le retour à l'antiquité constitue donc un retour aux sources. Il

1. *S. u. Z.*, p 67 ; *ET*, p. 103.

arrivera parfois que le retour au grec ne puisse nous être d'aucun secours : ce n'est pas un « remède universel », pas plus d'ailleurs que l'étymologie elle-même[1]. En désignant la « chose » par le mot « πραγμαή », les Grecs veulent signifier qu'il s'agit de ce à quoi on a affaire dans la πραξισ. Mais le caractère proprement « pragmatique » que nous relève ce choix du mot reste mystérieux.

Heidegger appelle « Zeug » ce que nous rencontrons au premier abord et de façon habituelle dans la vie quotidienne. Ce mot se retrouve dans la plupart des termes qui désignent les choses qui nous entourent. Ainsi dans : *Näh-zeug*, *Schreib-zeug*, *Werk-zeug*, *Fahrzeug*... : ce qui sert à coudre, écrire, travailler, à chausser, à transporter. Nous traduisons « Zeug » par le terme français *ustensile* en lui donnant toutefois une acception plus large que son sens habituel. Il désignera pour nous tout ce qui peut servir à... Mais nous devons maintenant nous attacher à préciser la modalité d'être de l'ustensile (*Zeug*). Nous le ferons en dégageant son caractère typique, le caractère par lequel l'ustensile est un ustensile, c'est-à-dire l'*ustensili*té[2].

Remarquons d'abord qu'un ustensile *seul* n'existe pas. Un ustensile ne peut être considéré qu'à l'intérieur d'un complexe d'ustensiles (*Zeug-ganzes*), qu'il présuppose donc nécessairement. Complexe qui n'est pas une simple somme d'ustensiles mais une unité bien ordonnée. En quoi consiste le caractère unifiant de cette unité ? Tout ustensile *bon à*...

---

1. Dans ses cours Heidegger a attiré souvent l'attention sur le danger qui consiste à partir de simples étymologies. Dans son dernier cours (été 1944) intitulé « *Logik* » il dit : « Wer mitdenkt wird merken, dass wir nicht von blossen Wörtern Bedeutungen abschöpfen, um eine Philosophie daraus zu bauen. Die blossen Ethymologien werden zu Spielerein, wenn nicht ihr Bezug zu dem Genannten schon zuinnerst geprüft ist. » (d'après des notes prises en cours).

2. *S. u. Z.*, p. 68; *ET*, p. 104.

Le marteau est bon à servir au martèlement, la chaise à s'asseoir, la maison est faite pour être habitée. Les différentes modalités d'être *bon pour* (par exemple la serviabilité, l'employabilité, la maniabilité) caractérisent le *pour quoi* (le sens) et forment ainsi un complexe ustensilier[1]. La structure de la relation indiquée par les termes « être *bon pour...* » comporte une référence (*Verweisung*) *de* quelque chose *à* quelque chose. La maniabilité du marteau indique qu'il est fait pour marteler. Chez Heidegger la serviabilité désigne la modalité d'être propre à l'outil qui sert à... : l'employabilité, le mode d'être propre au matériau. Nous reviendrons sur ce caractère de l'ustensile d'être *bon pour* et la nature de la référence à laquelle nous avons fait allusion. La remarque faite plus haut nous montre que notre analyse doit partir de la considération d'un complexe d'ustensiles, ou plus exactement – puisque chaque ustensile contient une référence – d'un complexe référentiel (*Verweisungmannigfaltigkeit*). Heidegger en donne un exemple très simple : celui d'une chambre.

Chaque ustensile, en tant que tel, est déterminé par sa corrélation aux autres. Dans l'exemple de la chambre, nous ne rencontrons pas d'abord une table, puis une chaise, comme des objets isolés qui, réunis, formeraient l'unité de la chambre ; nous rencontrons d'emblée la chambre comme telle. Et c'est seulement parce que nous avons découvert cette chambre que nous pouvons comprendre ce que c'est qu'une chaise, une table, une armoire. Cela ne veut pas dire que nous devons être explicitement orientés vers la chambre comme telle, mais il nous faut une certaine pré-compréhension de ce que signifie le terme de « chambre », pour que nous puissions nous rendre compte de ce qu'il y a dans la chambre, car les objets qui s'y trouvent ne sont déterminés, en dernière analyse, que par leur

1. *S. u. Z.*, p. 68 ; *ET*, p. 104.

appartenance à la chambre. Cette compréhension de la chambre est d'ailleurs tout autre chose qu'une connaissance théorique dans laquelle nous aurions d'abord un espace géométrique que nous remplirions d'objets, de façon à constituer progressivement la chambre telle que nous la voyons. À l'origine, nous comprenons la chambre elle aussi comme un ustensile, comme ce qui sert à être habité.

Retenons donc qu'un ustensile particulier ne peut être découvert et compris qu'à partir du complexe unitaire des ustensiles, complexe qui doit être pré-découvert.

Nous parlons de *compréhension* (*Verstehen*) mais il reste à préciser de quelle sorte de compréhension il s'agit. Dans la vie quotidienne, nous découvrons les ustensiles dans une compréhension orientée par nos préoccupations journalières. Ainsi nous nous servons d'un marteau sans savoir explicitement quelle est la manière d'être de cet ustensile (outil); nous ne le regardons pas de façon théorique, comme un étant-simplement-donné, mais nous le prenons en main et l'employons. En l'utilisant de cette façon, le *Dasein* se l'est approprié de la manière la plus adéquate, parce que, au fond, le marteau n'est pas là pour être regardé; même l'homme le plus perspicace ne peut découvrir la nature du marteau, aussi longtemps qu'il ne l'a pas pris en mains. Dans l'usage du marteau, la préoccupation quotidienne doit se soumettre à la référence constitutive de l'ustensile, c'est-à-dire à son pourquoi... En se servant de lui, le *Dasein* découvre sa maniabilité (*Handlichkeit*). Le seul terme « maniabilité » indique déjà la relation qui relie l'ustensile à la main. L'ustensile est un objet qui est sous la main. On peut appeler cette manière d'être de l'ustensile, dans laquelle il se manifeste, « l'*être-sous-la-main* » (*Zuhandenheit*)[1]. L'ustensile n'est pas d'abord présent

1. *S. u. Z.*, p. 69; *ET*, p. 105.

comme un objet isolé, qui pourrait éventuellement être
employé, mais c'est le fait de pouvoir être employé qui
constitue son être, son caractère « en-soi » (*An-sich*).

En disant que notre compréhension habituelle de l'ustensile
n'est pas d'abord théorique pour devenir ensuite pratique,
nous ne prétendons pas affirmer que la préoccupa-tion
quotidienne manque de point de vue (*theoria*), mais elle
possède une vue qui lui est propre, qui découvre la référence
fondamentale de l'ustensile, la référence du *pour-quoi*.
L'existence quotidienne use de l'ustensile conformément à
cette référence qui se manifeste dans le *bon pour…* c'est-à-
dire conformément à sa serviabilité. La vue propre au *Dasein*,
Heidegger l'appelle *Umsicht*. Nous pouvons peut-être traduire
ce terme par « circonspection » (*circumspicere*), à la condition
de ne pas prendre ce mot au sens ordinaire de prudence ou
de perspicacité, mais au sens étymologique : vue globale de
ce qui nous entoure, qui doit nous servir à faire, à réaliser
quelque chose. L'attitude pratique n'est donc pas a-théorique
mais elle possède une vue d'un type spécial : la *circonspection*.

Dans la préoccupation quotidienne, le caractère propre
de l'ustensile, l'être-sous-la-main, ne nous frappe pas ; il
n'attire pas notre regard. L'étant-sous-la-main ne se manisfeste
pas comme un étant particulier, il s'insère dans un complexe
ustensilier qui est, comme tel, à notre disposition.

Le *Dasein* préoccupé n'est pas d'abord et distinctement
en rapport avec l'ustensile, qu'il s'agisse du matériau ou de
l'outil, mais avec l'*œuvre* (*Werk*). Il est préoccupé de l'œuvre ;
c'est la tâche à faire qui le renvoie à l'unité référentielle
qu'elle commande elle-même, c'est l'œuvre qui est d'abord
présente [1]. C'est l'œuvre projetée qui oriente la découverte
de l'ustensile, celui-ci ne se dévoilant qu'à partir de l'unité

---

1. *S. u. Z.*, p. 70 ; *ET*, p. 106.

référentielle pré-découverte. « L'œuvre inclut le complexe référentiel au sein duquel se rencontre l'ustensile »[1]. Mais l'œuvre, dont la réalisation est projetée, possède, elle aussi, la modalité d'être de l'ustensile. La maison est un ustensile destiné à être habité, le soulier un ustensile destiné à être chaussé. Dans la préoccupation qui la réalise, l'œuvre est pensée en fonction de son but. Elle est projetée et accomplie parce que *bonne pour*...

Dans l'œuvre, nous découvrons non seulement la référence constitutive du *pour-quoi* (serviabilité), mais également une référence au matériau dont (*de quoi*) on se sert. Cette référence nous livre ce que Heidegger appelle le « *Woraus* », c'est-à-dire le « *de quoi* ». Ainsi une table manifeste sa matière, c'est-à-dire le bois, l'arbre ; elle se réfère ainsi à la *nature*. La nature est donc découverte dans l'œuvre, comme son matériau ; elle est co-découverte dans l'ensemble des références. Non pas qu'elle ne puisse devenir l'objet d'une connaissance spéciale, mais au premier moment, dans la préoccupation quotidienne, elle apparaît dans sa relation à l'ustensile. Elle (la nature) est donc présente à la circonspection quotidienne que dirigent les besoins de la vie. Le champ n'est pas un champ quelconque, c'est le champ de blé qui procurera le pain quotidien ; la forêt, c'est le bois qui procure le matériau de construction ; la colline, c'est la carrière dont on extrait des pierres, etc.

De plus, l'œuvre n'indique pas seulement *pour quoi* et *de quoi* elle est faite, mais aussi *pour qui* ; s'il s'agit de vêtements par exemple, ce caractère ressort clairement de ce qu'ils sont faits sur mesure. Ainsi l'œuvre ne renvoie pas seulement à l'étant-sous-la-main, mais aussi au *Dasein*.

1. *S. u. Z.*, p. 70 ; *ET*, p. 106.

L'œuvre est en quelque sorte pour l'homme, pour la communauté, le monde public.

L'important est ici que l'étant (l'ustensile) n'est pas d'abord présent dans la préoccupation quotidienne comme une simple matière du monde (*blosser Weltstoff*), comme un « *existant-brut* », qui plus tard recevrait une « forme », une « destination subjective », mais au contraire, comme un *étant-sous-la-main*. Rencontrons-nous un objet inconnu, nous nous demandons immédiatement à quoi il sert ; s'il s'agit d'un objet détérioré, nous nous demandons à quoi il a pu servir. Nous nous mettons immédiatement dans une perspective qui est révélatrice des références fondamentales d'un ustensile ; tel est donc bien le point de vue premier de l'existence quotidienne. Nous pouvons cependant changer de perspective, ne plus voir l'étant que comme objet simplement donné (*bloss Vorhandenes*), l'abstraire des références constitutives propres à l'ustensile. Mais, remarquons-le, il nous a fallu pour cela changer d'attitude. N'est-ce pas un indice du fait que l'être-sous-la-main n'est pas une invention philosophique, mais bien le caractère propre des ustensiles, leur caractère en soi ?

Cependant, jusqu'ici, nous n'avons pas encore atteint le monde comme tel ; nous l'avons toujours présupposé. Loin de se réduire à une sorte d'étant intramondain, le monde est ce qui rend possible tous les étants intramondains ; il est partout présupposé. *Mais en quoi consiste l'existence du monde ? Comment ce monde existe-t-il ?*

Si le *Dasein* est « être-dans-le-monde », et si d'autre part le *Dasein* a toujours une compréhension de son existence (une compréhension préontologique du moins), ne doit-il pas avoir aussi une certaine connaissance du monde ? Bien entendu, nous ne pouvons découvrir le monde au moyen d'un syllogisme, mais notre analyse de l'ustensile n'indique-t-elle pas la marche à suivre ? Si nous analysons le *Dasein* dans sa relation aux ustensiles, peut-être arriverons-nous à trouver le monde où s'exerce la préoccupation quotidienne. Ce que Heidegger se propose de réaliser, c'est donc de dégager des ustensiles intramondains leur caractère mondain.

L'interprétation traditionnelle part des étants simplement donnés. Elle prétend, bien entendu, ne rien présupposer ; mais ce point de départ ne correspond-il pas déjà à une certaine interprétation ? Contrairement aux apparences, il n'est, en somme, pas « naturel », mais limité, réduit. La préoccupation quotidienne ne découvre pas, à l'origine, l'étant comme un objet simplement donné ; elle ne l'aperçoit comme tel qu'au prix d'un certain changement de position ; elle s'est alors transportée dans le domaine de la pure connaissance (*das blosse Erkennen*). Cette connaissance, elle aussi, est dans-le-monde, mais elle n'est pas la façon première d'être-dans-le-monde. Pour ne plus nous apparaître que comme objet simplement donné, l'étant de la préoccupation quotidienne doit être réduit, mutilé.

De tout ceci, nous pouvons conclure : « L'être-sous-la-main est la détermination ontologico-catégoriale de l'étant, tel qu'il est "en-soi" »[1]. La définition de l'étant intramondain, appartenant comme être-sous-la-main au monde quotidien du *Dasein*, est donc une détermination ontologico-catégoriale. Ontologique, faut-il le répéter, parce qu'elle indique la modalité d'*être de cet étant* ; catégoriale, pour autant qu'elle se réfère à l'étant non-humain.

Ce caractère propre aux ustensiles devient d'ailleurs manifeste, comme le montre Heidegger, aussitôt que se produit un dérangement dans l'ordre des ustensiles[2]. Ce dérangement peut se présenter sous trois formes différentes. Quand un

1. *S. u. Z.*, p. 71 ; *ET*, p. 108.
2. *S. u. Z.*, p. 73 *sq.* ; *ET*, p. 109 *sq.*

ustensile est devenu inutilisable, c'est qu'il n'est plus *bon pour* ce à quoi il servait. Ce caractère n'est jamais constaté par le seul regard, par la connaissance pure ; seule la préoccupation le découvre. Devenu inutilisable, l'ustensile se fait remarquer. Alors seulement, son caractère d'étant-simplement-donné se manifeste[1] ; l'ustensile perd son caractère ustensilier ou du moins se trouve menacé de le perdre. N'empêche que l'ustensile ne se transforme pas en un étant-simplement-donné ; il demande au contraire à être « réparé » (s'il s'agit d'un outil endommagé) ou « remplacé » (s'il s'agit d'un instrument devenu inutilisable). Et cette réparation, ce remplacement doivent lui restituer son caractère propre d'être-sous-la-main. Ce caractère devient donc totalement évident.

Une autre forme de dérangement se présente lorsqu'un ustensile vient à manquer, quand il n'est pas sous-la-main. Alors se produit un curieux phénomène : par cette absence, les ustensiles présents *s'imposent* à nous. Mais par le fait même ils paraissent perdre leur caractère d'étants-sous-la-main. L'absence d'un certain ustensile nous rend impossible de nous servir encore des autres qui semblent alors être simplement-donnés.

Un exemple : supposons que nous voulions fixer un tableau et que nous ayons à notre disposition le tableau, les clous, tout ce qui est nécessaire à une telle opération, sauf le marteau. Par ce manque, tous les autres ustensiles perdent leur caractère d'être-sous-la-main, ils nous embarrassent, leur unité référentielle est brisée. Ils en deviennent presque des étants-simplement-donnés et c'est comme tels qu'ils *s'imposent* à nous.

Il y a enfin une troisième forme de dérangement : l'étant qui n'est plus sous-la-main peut être rencontré non plus comme

---

1. *S. u. Z.*, p. 73 ; *ET*, p. 109.

ustensile absent ou inutilisable, mais comme un ustensile rencontré à l'improviste. Comme ustensile, il suggère une œuvre future. Que cette œuvre s'avère impossible pour l'instant, il se change en obstacle. Dès lors, la tâche présente se fait embarrassante, obsédante ; elle ne va plus de soi et les ustensiles qui sont nécessaires à sa réalisation apparaissent maintenant comme étants-simplement-donnés.

C'est alors seulement, lorsque l'étant-sous-la-main apparaît comme étant-donné, que s'explicite son caractère d'étant-sous-la-main, qui était estompé dans la préoccupation normale.

Dans ces trois façons de se faire remarquer (*Auffälligkeit*), de *s'imposer* (*Aufdringlichkeit*), de devenir *obsédant* (*Aufsässigkeit*) l'étant-sous-la-main semble devenir un étant-simplement-donné. Mais ce caractère même est encore compris en fonction de sa détermination d'être-sous-la-main. C'est ce qui apparaît clairement lorsque nous remarquons que l'ustensile n'est plus *utilisable*, qu'il *manque*, ou que nous ne pouvons nous en *servir* maintenant parce que nous avons autre chose à faire. Dans chacun de ces cas, l'étant est encore considéré comme un ustensile relatif à la préoccupation. Il garde donc son caractère d'étant-sous-la-main, bien que, par ailleurs, il gêne la préoccupation et se révèle ainsi sous un aspect d'étant-simplement-donné.

Tout étant se manifeste donc à la préoccupation quotidienne comme un étant-sous-la-main. Mais quel rapport ces considérations ont-elles avec le problème du monde ? Jusqu'ici, nous n'avons pas encore dépassé le domaine de l'étant intramondain, mais peut-être, en essayant de saisir cet étant sous sa forme d'ustensile, avons-nous préparé la voie à une véritable compréhension du monde.

CHAPITRE III

LE CARACTÈRE RÉFÉRENTIEL DE L'USTENSILE

L'ustensile auprès duquel se tient l'existence quotidienne, l'étant-sous-la-main, est – dans son être-même – déterminé par la *référence* (*Verweisung*). Et pourtant, la préoccupation n'est pas d'abord orientée vers ce caractère référentiel de l'ustensile. Elle s'en sert toujours sans le viser explicitement. Il n'apparaît à la connaissance claire que si le complexe référentiel est troublé ; c'est ce que nous venons de montrer. Heidegger distingue la reconnaissance du caractère référentiel, œuvre de la préoccupation quotidienne, de la saisie explicite de la structure ontologique de l'ustensile qui, elle, se réalise dans la seule pensée réflexive. Ce qui se révèle immédiatement au *Dasein* préoccupé, c'est le désordre ; avec lui se révèle l'utilité propre de l'ustensile endommagé et le complexe où il s'insérait. C'est alors seulement que se manifeste l'ensemble ustensilier (l'atelier par exemple) nécessaire à la réalisation de l'œuvre projetée. Depuis toujours, la préoccupation vivait dans cet ensemble, mais jamais encore elle n'avait saisi explicitement les connexions référentielles qui le constituent. Ce sont elles maintenant qui apparaissent sous forme explicite, non pas comme un fait nouveau, resté inconnu jusque-là, mais comme une réalité vécue – et donc sous forme implicite – par la circonspection.

C'est cette explicitation qui annonce la découverte du monde[1].

Le monde, cependant, ne doit pas être compris comme une accumulation d'étants. S'il était une telle somme, comment pourrait-on expliquer que le caractère mondain se manifeste au moment même où se produit une démondanéisation de l'ustensile, au moment où l'ustensile, devenu inutilisable, paraît simplement-donné ?

Les références constitutives du monde environnant, au sein desquelles se tient le *Dasein* préoccupé, ne sont pas, d'habitude, comprises de façon explicite, thématique. Pour que l'étant-sous-la-main puisse être rencontré comme il est « en soi » (comme il est vraiment), il faut précisément qu'il *ne se* fasse *pas* remarquer, qu'il *ne* s'impose *pas*. *Ne pas* se faire remarquer, *ne pas* s'imposer, ce ne sont pas là, remarquons-le, des concepts négatifs ; ce sont les notes mêmes de l'étant-sous-la-main. Heidegger parle ici de « *Ansichhalten* », ce qui veut dire : rester contenu. Expression qui comprend déjà la notion d'« être-en-soi » (*An-sich-sein*), notion d'habitude réservée à l'étant-simplement-donné. Ce qui donc constitue l'ustensile tel qu'il est en soi, dans son être propre, c'est le fait d'être quotidiennement sous la main, sans émerger du complexe. Le phénomène de l'être-en-soi s'éclaircira d'ailleurs par la suite quand nous aurons exposé le problème du monde proprement dit. Mais dès maintenant précisons ce qui suit : si le monde peut apparaître à la préoccupation, il doit préalablement être manifeste d'une certaine manière au *Dasein*. Pour que la rencontre de l'étant-sous-la-main soit

---

1. *S. u. Z.*, p. 75 ; *ET*, p. 111.

possible, il faut que le monde soit déjà *pré-ouvert*[1]. Le monde est ce *en quoi*, au sein de quoi (*Worin*) le *Dasein* se tient toujours déjà et ce sur quoi il peut, par conséquent, *revenir* explicitement. L'expression « revenir » insinue déjà que le monde n'est pas chose construite après coup, à partir des étants. Bien au contraire, le *Dasein* ne peut rencontrer l'étant, l'ustensile, que dans la mesure où celui-ci appartient au monde. Sans cette insertion préalable dans la structure mondaine, l'étant est dénué de tout sens.

LE SENS DE LA RÉFÉRENCE (RÉFÉRENCE ET INDICATION)

Nous avons vu que le *Dasein*, comme être-dans-le-monde, est doué d'une préoccupation *circonspecte* ; il se meut dans un complexe ustensilier. Mais la préoccupation suppose déjà quelque familiarité avec le monde[2]. Comment cette familiarité est-elle possible, et comment le caractère mondain des étants intramondains peut-il se manifester ? Toutes ces questions sont restées en suspens. Poursuivant la solution des problèmes qui se posent, Heidegger entreprend l'analyse concrète du problème de la *référence* (*Verweisung*)[3]. Si chaque ustensile trouve son sens dans une référence, c'est bien ce problème qu'il faut aborder maintenant. Ce qui suggère d'ailleurs de donner cette orientation à la recherche, c'est que les analyses

1. Nous traduisons le terme allemand « *erschliessen* » par ouvrir, rendre ouvert. Il désigne l'action qui nous rend compréhensible quelque élément (structure) appartenant au *Dasein*. Heidegger distingue les termes « *entdecken* » (découvrir) et « *erschliessen* » (ouvrir, rendre ouvert). Il réserve le terme découvrir à la relation du *Dasein* avec l'étant-non-humain et le terme ouvrir à ce qui concerne le *Dasein* lui-même.
2. *S. u. Z.*, p. 76 ; *ET*, p. 113.
3. Voir § 17 de *S. u. Z.*

précédentes ont révélé une certaine connexion, encore assez obscure il est vrai, entre l'unité référentielle et le monde.

Pour mettre en évidence le *caractère référentiel* propre à l'étant-sous-la-main, Heidegger analyse un ustensile qui réunit en lui deux sortes de références : le signal ou indicateur. Une indication, c'est encore une forme de référence de l'objet indicateur à ce qui est indiqué. Du point de vue formel, on peut interpréter chaque référence comme une relation (*Beziehung*). Mais le caractère purement formel de la relation et le fait qu'elle soit universellement applicable ne nous aident pas à mieux comprendre la nature du signal. « Nous sommes aujourd'hui trop facilement enclins, en nous servant d'une telle "relation" comme fil conducteur, à tenter une "interprétation" de l'étant qui est toujours "juste" parce qu'au fond elle ne dit rien[1]. »

Heidegger prend comme exemple, pour développer son analyse concrète, la flèche rouge qui sert d'indicateur aux autos, le clignoteur.

La flèche est présente dans l'ensemble des ustensiles qui rendent possible la circulation. Comme chaque ustensile, elle possède une référence constitutive qui justifie son existence. Cette référence est ce par quoi elle est *bonne* à montrer. Le signal réalise donc son caractère référentiel, son *pour-quoi*, en signalant. Le fait d'être *bon-pour* (son *pour-quoi*) est une détermination ontologico-catégoriale, une détermination constitutive de l'être de chaque ustensile, quel qu'il soit. Mais, de plus, en indiquant la direction que va prendre l'auto, la flèche comme flèche, par l'acte même de signaler, crée une nouvelle référence ; toute indication, en effet, est de soi une référence. Dans son action, la flèche se réfère au mouvement de l'auto, au comportement des piétons. Nous avons donc

---

1. *S. u. Z.*, p. 78 ; *ET*, p. 115.

affaire ici à deux références, de natures différentes d'ailleurs ; la première est fondamentale, elle constitue l'être même de l'indicateur et de tout ustensile, la seconde est fondée sur la première et caractérise la détermination ontique de l'ustensile en question. La référence constitutive (donc la première) est appelée par Heidegger la *serviabilité* (*Dienlichkeit*), le pouvoir-servir-à…, la seconde est appelée « indication ». La flèche ne peut servir d'indicateur que parce qu'elle est ustensile, c'est-à-dire *bonne-pour*. L'indicateur est donc un ustensile qui, par l'action d'indiquer, crée une référence seconde, greffée sur la référence constitutive de son être. « La "référence" indication, concrétisation ontique du "à-quoi" d'une serviabilité, détermine l'ustensile en tant que concret. La référence "serviabilité", par contre, est une détermination ontologico-catégoriale déterminant l'essence même de l'ustensile »[1].

La différence entre ces deux sortes de références s'éclairera grâce à une comparaison de notre ustensile indicateur (clignoteur) et l'ustensile marteau. Le marteau, lui aussi, possède une référence constitutive ; il sert au martèlement. Mais cette référence n'a rien de commun avec l'indication. La flèche, au contraire, est destinée à indiquer ; la notion générale de serviabilité se concrétise, pour elle, dans l'indication. Les deux sens de la « référence » ne coïncident donc pas. C'est grâce à leur coexistence que la flèche, comme signal, devient possible.

Pour la circonspection quotidienne, le signe jouit, vis-à-vis des autres ustensiles, d'une situation privilégiée. Laquelle ? Considérons le rôle de la flèche. Elle invite les passants à continuer leur route ou à s'arrêter, à faire attention à la voiture. Regarder le seul signal, se borner à le regarder tout simplement pour lui-même ; c'est oublier sa vraie destination ; regarder

---

1. *S. u. Z.*, p. 78 ; *ET*, p. 115.

uniquement dans la direction qu'il indique, c'est également perdre sa signification, pour n'apercevoir que des objets qui lui sont étrangers. Le sens de l'indicateur n'est pas d'indiquer un objet déterminé, mais de mettre une sorte d'ordre dans le monde des communications. Par lui, le monde environnant devient « ordonné » (*übersichtlich*), saisissable d'un seul regard, comme l'indique l'étymologie du terme allemand.

La flèche s'adresse à un être-dans-le-monde « spatial », ainsi ne peut-on la comprendre, si l'on se borne à la regarder isolément, au lieu de la saisir dans l'ensemble unifié des ustensiles qui servent à la circulation. En comprenant le signal dans cet ensemble, la circonspection (*Umsicht*) devient vue globale (*Uebersicht*). « Les signes de cette catégorie – écrit Heidegger – nous rendent présent l'étant-sous-la-main, ou, plus exactement, nous rendent accessible un complexe (ensemble) de ces étants, de sorte que la préoccupation se donne et s'assure une orientation » [1]. Grâce aux signaux, nous devenons capables de nous orienter parmi les ustensiles ; ils introduisent un ordre dans le complexe (ensemble) des ustensiles.

Heidegger définit le signe de la façon suivante :

> Le signe n'est pas une chose en relation de signification avec autre chose, mais un ustensile qui révèle explicitement à la circonspection un ensemble d'ustensiles, de façon telle qu'en même temps nous apparaisse le caractère mondain de l'étant-sous-la-main [2].

Ainsi le vent du Nord, signe du mauvais temps, n'est pas un simple phénomène qui en indique un autre (comme le croit l'interprétation courante) ; il est en relation avec toute notre activité et nous invite à prendre une certaine attitude en

1. *S. u. Z.*, p. 79 ; *ET*, p. 117.
2. *S. u. Z.*, p. 80 ; *ET*, p. 117.

fonction de ce changement probable du temps. Ce n'est pas parce qu'il s'inscrit dans notre vie que nous pouvons le comprendre. Il n'est pas un signe abstrait, il prédit le temps et nous renseigne sur les dispositions à prendre, il influence nos préoccupations. Nous voyons donc que le signe n'est pas seulement une chose qui est en relation avec une autre ; il révèle une structure globale et l'organise de telle manière que le complexe manifeste de façon très caractéristique le caractère mondain des étants-sous-la-main.

Tandis que les autres ustensiles sont plutôt discrets, le signe, en vertu de sa fonction ordonnatrice, doit être voyant, doit attirer l'attention. Ce caractère, Heidegger le découvre en étudiant le but et la raison d'être du signe[1].

Toute cette analyse du signe était nécessaire pour orienter notre étude de la référence. Heidegger décrit comme suit la relation entre signe et référence : « 1) L'indication, comme concrétisation possible du à quoi... d'une serviabilité, est fondée sur la structure générale de tout ustensile, sur son caractère d'être « bon-pour » (référence). 2) La signalisation du signe, en tant qu'elle est un caractère ustensilier d'un étant-sous-la-main, appartient à un ensemble ustensilier, à une connexion référentielle. 3) Le signe ne se borne pas à se trouver sous-la-main avec d'autres ustensiles, mais, dans son être-sous-la-main, il rend le monde environnant expressément accessible à la circonspection. *Le signe est un étant ontiquement sous-la-main qui, en tant qu'ustensile déterminé, possède la fonction d'expliciter la structure ontologique de l'être-sous-la-main, de l'unité référentielle et de la mondanéité* »[2].

1. Cf. *S. u. Z.*, p. 80 *sq.* ; *ET*, p. 117 *sq.*
2. *S. u. Z.*, p. 82-83 ; *ET*, p. 120.

Il nous faut montrer maintenant de façon plus précise comment la référence peut être condition de l'étant-sous-la-main et élément constitutif de la mondanéité en général[1].

LA RÉFÉRENCE COMME ÉLÉMENT CONSTITUTIF DE L'USTENSILE ; LA RÉFÉRENCE ET LE PROBLÈME DU MONDE

L'étant-sous-la-main se présente toujours à nous comme un étant « intramondain », comme un étant qui appartient à un monde. Ce qui caractérise l'étant-sous-la-main comme tel, ce qui constitue l'*être*-sous-la-main doit donc se trouver en relation avec le monde et la mondanéité. Nous avons pu remarquer dans ce qui précède que dès la première rencontre d'un étant, le monde est toujours déjà découvert. Le monde, nous l'avons dit, n'est pas une agglomération d'étants ; il précède la découverte des étants particuliers, il est *pré-ouvert*. Le problème se précise donc : il s'agit de voir comment le monde rend possible la rencontre de l'étant-sous-la-main comme tel ; et pourquoi c'est un étant de ce type qui émerge le premier en face de la connaissance[2].

Nous connaissons déjà deux modalités différentes de la référence : la serviabilité (*Dienlichkeit*), référence typique de l'outil, et l'employabilité (*Verwendbarkeit*), référencce typique du matériau. « Le *à quoi* d'une serviabilité, le *"afin de quoi"* d'une employabilité désignent donc chaque fois la concrétisation possible de la référence »[3]. Ce à quoi un ustensile peut servir détermine la manière dont la structure référentielle de l'ustensile va se concrétiser, se réaliser. Le caractère indicatif du signe

---

1. *Cf.* le § 18 de *S. u. Z.*
2. *S. u. Z.*, p. 83 ; *ET*, p. 120.
3. *S. u. Z.*, p. 83 ; *ET*, p. 121.

est la concrétisation du *à quoi* de sa serviabilité ; le fait d'être utilisé dans la construction est la concrétisation de l'employabilité de la pierre de taille. D'habitude, cependant, on entend cette concrétisation au sens d'une propriété d'une chose. On dit : le signe possède la propriété d'indiquer, la pierre possède la propriété de servir à la construction. Cette interprétation, Heidegger la récuse. Il distingue la *propriété*, qualité d'un étant simplement donné, de l'*appropriété d'un ustensile* ; l'appropriété c'est le fait d'être propre à..., d'être bon pour... [1]. Les qualités (propriétés) de l'ustensile (par exemple la forme du manche d'un marteau) sont liées à son appropriété (par exemple, pour un marteau, d'être *bon* au martèlement). Si le marteau n'était pas compris comme un ustensile destiné au martèlement, la préoccupation quotidienne ne percevrait pas l'existence du manche, ni la forme spéciale de ce manche.

Est-il possible de distinguer *serviabilité* et *appropriété* ? Par le concept de « serviabilité », Heidegger désigne ce qui rend l'ustensile susceptible d'être déterminé par l'appropriété [2]. En d'autres mots, un ustensile peut être *propre à* parce qu'il est déterminé, comme étant-sous-la-main, par la référence du *pour quoi*. Celle-ci est condition *sine qua non* de l'appropriété. Ne pas séparer la serviabilité de l'appropriété, c'est ne pas distinguer ce qui rend possible l'ustensile comme tel de sa concrétisation réelle, de sa détermination particulière.

Selon la conception commune, ce sont les propriétés de l'ustensile qui déterminent sa serviabilité. C'est parce que le marteau est résistant, etc., qu'il est employé au martèlement. Heidegger soutient, au contraire, que les « propriétés » sont

---

1. Nous traduisons le mot allemand de *Eigenschaft* par propriété et le terme de *Geeignetheit* par appropriété.

2. *S. u. Z.*, p. 83 ; *ET*, p. 121.

quelque chose de secondaire, qu'elles dépendent de la serviabilité. Ce ne sont pas les propriétés qui font qu'un marteau est marteau, mais sa référence constitutive de pouvoir servir à… C'est seulement à partir de celle-ci que nous pouvons découvrir ce qu'on appelle d'ordinaire les « propriétés », lesquelles nous deviennent accessibles sous la forme de l'appropriété. C'est lorsqu'un ustensile ne remplit pas son rôle, lorsqu'il n'est pas approprié à sa destination, que nous remarquons ses « propriétés » spécifiques (poids, maniabilité, résistance, etc.). Il ne faut pas oublier que l'outil n'est pas un étant-simplement-donné, rencontré dans la nature et employé parce qu'il a telle ou telle qualité, c'est un objet fabriqué. En le créant, le *Dasein* se conforme à l'idée qu'il se fait de sa destination. Toute concrétisation particulière du marteau, par exemple, se fonde dans le caractère général que possède le marteau, de servir à… Et la façon dont il sert nous est rendue manifeste sous la forme de l'appropriété. C'est en dirigeant notre regard sur sa destination, sur le *à-quoi* de sa serviabilité, que nous pouvons procéder à sa fabrication. Ce qui est donc le caractère constitutif de l'ustensile, c'est de servir à… La façon dont il sert, qui se réalise – comme nous venons de le dire – dans son appropriété, présuppose donc la référence constitutive de la *serviabilité*.

Heidegger évite le terme « propriété » pour définir l'*appropriété* (*Geeignetheit*) des ustensiles ; ce terme, en effet, est traditionnellement employé pour désigner une qualité de l'étant-simplement-donné, connaturelle en quelque sorte à son caractère d'étant-simplement-donné. Mais, comme nous l'avons vu, l'étant-simplement-donné n'est pas un donné premier ; il ne peut se manifester qu'à travers l'ustensilité.

En tout cas, nous avons montré, dans la serviabilité, le fondement structurel de l'appropriété ; mais n'avons-nous pas insisté sur son aspect référentiel ; il nous reste donc à approfondir ce dernier caractère.

Heidegger écrit : « L'être de l'étant-sous-la-main a une structure référentielle, ce qui signifie qu'il a en lui-même le caractère d'être relatif à »[1]. (Pour conserver la même racine, nous traduisons *Verweisung* par « référence » et *Verwiesenheit* par « être relatif à ».)

Prenons un exemple. Le marteau – au moment où il est découvert comme marteau – est saisi comme un ustensile *servant* au martèlement. Le marteau et le martèlement entretiennent évidemment un rapport référentiel ; le marteau est relatif au martèlement. Le fait d'être *relatif à* n'est pas un caractère secondaire ou accidentel, c'est l'essence même du marteau, comme d'ailleurs de tout ustensile. La circonspection quotidienne découvre toujours l'étant comme un étant *relatif à*. Heidegger parle ici de *Bewandtnis*[2]. Ce que nous avons traduit par *destination* : ce mot a l'avantage de renfermer les mêmes éléments constitutifs que l'on trouve dans *Bewandtnis*, c'est-à-dire d'une part *ce qui* est destiné et d'autre part *ce à quoi* l'objet en question est destiné. Ces deux éléments correspondent à ce que Heidegger appelle le « *Womit der Bewandtnis* » et le « *Wobei der Bewandtnis* ». Nous nous rendons bien compte cependant que la traduction n'est pas parfaite ; elle l'est d'autant moins que l'on ne peut former, à partir du terme « destination », les équivalents français des différents mots dérivés de « *Bewandtnis* ».

Nous voici donc en présence d'une nouvelle définition de l'étant-sous-la-main. « Le caractère d'être de l'étant-sous-la-main est la *destination* »[3]. Les termes *relatif à*, *destination*,

---

1. *S. u. Z.*, p. 83-84 ; *ET*, p. 121.
2. *S. u. Z.*, p. 84 ; *ET*, p. 121.
3. *Ibid.*

ne font qu'expliciter la référence. Mais nous pénétrons, par l'emploi même du terme « destination », dans la structure ontologique de l'ustensile comme tel.

À la structure de la destination appartiennent nécessairement, nous l'avons déjà dit, *ce qui* est destiné et *ce à quoi* quelque chose est destiné. Le *qui* est l'ustensile qui sert, et le *à quoi*, l'opération à laquelle il est destiné, sa « raison d'être ». Mais cette opération peut elle-même être employée « à » quelque chose d'autre, devenir le « qui » employé « à » ; ainsi le martèlement, le « à quoi » du marteau, peut à son tour servir « à » construire un meuble, servant lui-même à enfermer des livres, etc.

Le *à quoi* (*Wozu*) d'un ustensile est déterminé, comme nous l'avons indiqué, par la destination d'un ensemble, laquelle englobe toutes les destinations particulières. Cependant, on ne peut trouver de nouvelles destinations à l'infini ; il existe un dernier *à quoi* non destiné à ; ce dernier « à quoi » correspond à la finalité de la destination. Ce n'est plus un ustensile, c'est le *Dasein* lui-même. Nous appelons ce dernier *à quoi* le *à quoi* final (*Worumwillen*) ; c'est en lui que les références constituées par la relation *bon pour* (le pour-quoi) trouvent leur aboutissement. (Dans l'exemple donné, les livres sont destinés en définitive, au *Dasein* lui-même.) Le *à quoi* final est donc enraciné dans l'être du *Dasein*.

Ainsi, le *Dasein* préoccupé découvre toujours l'étant comme ayant une destination. Heidegger désigne cette découverte par l'expression : « *Bewenden-lassen* », que nous traduisons par « *rendre-possible* », au sens de : « *admettre la rencontre de l'étant* »[1].

Pour que l'étant intramondain soit un étant-sous-la-main, il faut que le *Dasein* découvre d'abord la destination de

---

1. Le mot admettre rend bien le sens actif du terme allemand *zulassen*.

celui-ci : c'est cette révélation de la destination de l'étant que nous appelons le « rendre possible ». Il apparaît ainsi que le « rendre possible » est une détermination *ontologique* de l'étant-sous-la-main ; c'est en effet par lui que le *Dasein* dévoile l'être de l'étant-sous-la-main.

Le caractère ontologique du *rendre possible* n'implique pas que nous réalisions l'être de l'ustensile, en le fabriquant. Il exprime seulement la condition *a priori* de sa rencontre [1].

Le *rendre possible* peut se développer dans différentes sphères, faisant apparaître chaque fois un type particulier de la destination de l'étant. Le rendre possible scientifique, par exemple, nous rendra un étant dont le type de destination diffère de celui du rendre possible de l'expérience quotidienne. Quoi qu'il en soit, l'étant n'est pas d'abord découvert comme un simple étant brut ; dès la première rencontre, il se présente comme un étant intramondain possédant une destination, et il ne peut se présenter qu'avec une destination, révélée par le « rendre possible ».

L'être de l'étant-sous-la-main (ustensile) est, disions-nous, la *destination* (être-destiné). Mais pour que la destination d'un étant puisse être découverte, il faut que soit pré-découvert l'ensemble des destinations d'une pluralité d'étants (*Bewandtnisganzheit*) dont l'étant considéré fait partie. C'est précisément cette pré-découverte d'un complexe de destinations qui manifeste le caractère mondain de l'étant. Mais ce n'est pas tout ; le « rendre possible » lui-même, la découverte du complexe de destinations qui aboutit à l'*à quoi* final, se fonde en dernière analyse sur une visée du *Dasein*. Heidegger emploie le terme « *Woraufhin* » : en vue de quoi. C'est dans cet *en vue de quoi* que le *Dasein* révèle son « monde ». C'est cette visée qui lui ouvre le domaine au sein duquel il développe

1. *S. u. Z.*, p. 85 ; *ET*, p. 122.

ses références constitutives, et dévoile ainsi l'étant, autrement dit, le rend possible, ou comme dit aussi Heidegger, le *libère* (*freigeben*)[1].

Mais pourquoi le *Dasein* doit-il avoir une telle visée ?

Si le *Dasein* est essentiellement caractérisé par une certaine compréhension de l'être, et, en particulier, de son propre être, et si d'autre part le *Dasein* est être-dans-le-*monde*, n'est-il pas naturel qu'il possède toujours une certaine compréhension du monde ? Sans doute ; mais encore s'agit-il d'expliciter cette structure de la compréhension du monde, c'est ce que nous allons tenter.

Comment le *Dasein* peut-il rendre possibles des étants-sous-la-main (ustensiles) ? Ceux-ci lui sont toujours donnés dans un *ensemble ustensilier*. Le *Dasein* doit donc comprendre d'abord les éléments constitutifs de l'ustensile, c'est-à-dire *ce qui est destiné* (*Womit der Bewandtnis*) et ce *à quoi* l'ustensile sera destiné (*Wobei der Bewandtnis*). L'ustensile appartenant toujours à un ensemble ustensilier, le *Dasein* comprend cette appartenance en saisissant la relation de « *pour quoi* » qui détermine la fonction de l'ustensile au sein de l'ensemble. Prenons, par exemple, l'ensemble référentiel de la construction. Nous allons bâtir une maison ; *pour cela* nous avons besoin de matériaux (pierre de construction, etc.). La construction nous renvoie donc aux matériaux ; c'est le *à quoi*, qui fait saisir le rôle du matériau dans l'ensemble visé. Le fait même de bâtir est fondé sur un *à quoi* final, lui-même en relation avec une série de références du type *pour quoi*, « en vue de quoi… ».

En conclusion de cet exposé, Heidegger nous propose la définition suivante du monde :

1. *S. u. Z.*, p. 86 ; *ET*, p. 124.

Ce en quoi le *Dasein* se comprend préalablement selon le mode des références, c'est la visée (en vue de quoi) du rendre-possible préalable de l'étant. *Le en quoi de la compréhension référentielle, pris comme visée qui permet la rencontre de l'étant, selon la modalité de la destination, c'est le phénomène du monde. Et la structure de ce à quoi le* Dasein *se réfère, c'est ce qui constitue la mondanéité du monde* [1].

Cette définition appelle une brève explication. Nous devons d'abord considérer les deux expressions « *Worin* » et « *Woraufhin* » (« en quoi » et « en vue de quoi »). On est tenté de comprendre le *en quoi* de façon purement spatiale, comme une manière d'*être-dans*. Mais déjà au début de ce travail une première explication du terme « être-dans-le-monde » nous avait montré que le « dans » n'a pas une signification spatiale ; il signifie être *auprès de*, être *ouvert pour*. Il indique un certain comportement du *Dasein* et non pas une situation dans l'espace. C'est aussi le cas pour le *en quoi*. « En quoi » ne désigne pas ici une situation du *Dasein* dans l'espace, mais sa manière de se comporter au sein des références que nous venons d'évoquer (pour cela, à quoi, pour quoi, à quoi final). En se mouvant au sein de ces références le *Dasein* accomplit nécessairement une certaine visée de l'étant, il rend possible sa rencontre ; c'est ce qu'exprime le terme *Woraufhin*. Le *Dasein* dévoile l'étant dans une certaine perspective, dans une certaine direction – ce que nous avons essayé de rendre par le terme français de *visée*.

La visée n'est pas possible sans la compréhension des références fondamentales ; elle résulte de la manière dont ces références sont exercées. Aussi le « en quoi » et la « visée » s'appellent-ils réciproquement. Jusqu'ici nous nous sommes

1. *S. u. Z.*, p. 86 ; *ET*, p. 124.

toujours contentés d'écarter la définition habituelle du monde
comme totalité des étants, sans la remplacer. Nous voici enfin
arrivés à une première réponse. Le monde n'est pas un étant,
mais il est ce qui rend possible toute manifestation de l'étant.
Et comme cette possibilité appartient au *Dasein*, Heidegger
dira que le monde est un existential.

On ne se préoccupe d'habitude que de l'étant devenu
manifeste, de l'étant intramondain, sans se demander comment
il a pu devenir manifeste, en quoi consiste son caractère
mondain. C'est ce qui explique que l'on désigne sous le terme
monde l'étant intramondain et non pas ce qui le constitue en
tant que mondain. Lorsqu'il l'emploie dans ce sens, Heidegger
le met entre guillemets pour signaler ce glissement de
signification.

Le *Dasein* jouit d'une certaine intimité avec le complexe
au sein duquel il se comprend. Cette familiarité avec le monde
(*Weltvertrautheit*) ne signifie d'ailleurs pas qu'il en ait une
connaissance théorique explicite, mais seulement qu'il possède
une compréhension présupposée du monde. Sans cela
l'interprétation ontologico-existentiale ne pourrait pas se
développer ; elle suppose un point de départ, une compréhension
préontologique.

Ce premier aperçu sur le *monde* ouvre une nouvelle
perspective sur la problématique proprement dite du monde
et de la mondanéité. Le caractère référentiel du *Dasein* y joue
un rôle prédominant. C'est parce que le *Dasein* est
nécessairement renvoyé à l'étant que le monde lui est ouvert
(*erschlossen*). Attachons-nous à préciser maintenant la structure
ontologique de cette référence [1].

Le *Dasein* est engagé dans les relations du *pour quoi...*,
à quoi, *à quoi final* qui lui sont pré-découvertes. Comprenant

1. *S. u. Z.*, p. 87-88 ; *ET*, p. 125-126.

ces relations, fondements *a priori* de son activité, le *Dasein* saisit sa place au milieu des étants; il comprend sa propre existence, il se la « donne à comprendre », comme exprime Heidegger, lorsqu'il dit que l'essence de ces relations est le *be-deuten*[1]. La référence du *à quoi final* (*Worumwillen*) suscite la relation du *pour quoi* (*Um-zu*)...; celle-ci entraîne la référence du *à quoi* (*Dazu*)... qui elle-même nous renvoie au *ce qui*, l'ustensile ayant une certaine destination (*Womit der Bewandtnis*). Reprenons l'exemple de la construction. Le *Dasein* doit s'abriter; le fait de s'abriter repose dans le *à quoi final* (l'existence de l'homme). Mais pour s'abriter il doit chercher des matériaux propres à (*bons pour*) construire un abri. Ce complexe de références se retrouve, toujours identique, à chaque phase de la construction. Les fondations, par exemple, seront construites pour offrir une base stable à l'édifice; dans ce but (*à quoi*), on recherche des matériaux appropriés (*bons pour*)... et ainsi de suite. Ce complexe de relations forme, à l'origine, un tout; en le comprenant, le *Dasein* « se donne à comprendre » son être-dans-le-monde. *L'ensemble des relations de ce genre* (*be-deuten*, référence indicatrice) forme la *Bedeutsamkeit*. La *Bedeutsamkeit* constitue la structure du monde et celle-ci n'est autre que la structure de ce au sein de quoi le *Dasein* se tient toujours déjà en existant. Il est dangereux de traduire *Bedeutsamkeit* par *signification*; on pourrait, en effet, donner à entendre par là que le monde n'est autre chose qu'une somme de signes, dont il serait évidemment impossible de démontrer, après coup, la signification et l'unité. Il faut, au contraire, comprendre ce mot *Bedeutsamkeit*, et son radical *Be-deuten*, au sens de : renvoyer, indiquer, se référer à; la *Bedeutsamkeit*, c'est la relation référentielle. Le *Dasein* doit toujours se référer à une *unité d'étants* de l'espèce « étant-

---

1. *S. u. Z.*, p. 87; *ET*, p. 125.

sous-la-main ». C'est ce que Heidegger appelle *Angewiesenheit*.
Ce mot contient à nouveau le radical *Weisen* que nous avons
rencontré déjà dans *Verweisung* et *Verwiesenheit*.
Angewiesenheit signifie : être nécessairement renvoyé à...,
être, dans une certaine mesure, dépendant de... Aussi le
traduisons-nous par *dépendance*, en précisant qu'il s'agit
d'une dépendance référentielle.

Ces différents concepts permettent à Heidegger de nous
donner une nouvelle définition du *Dasein* comme être-dans-
le-monde. « *Le Dasein, dans sa familiarité avec la*
Bedeutsamkeit, *est la condition ontique de possibilité de la
découverte de l'étant que nous rencontrons dans un monde,
sous la forme de la destination (être-sous-la-main) et qui
manifeste ainsi son être en soi* »[1]. Parce que le *Dasein* est
familiarisé avec la *Bedeutsamkeit* – cette familiarité constituant
le fondement de son existence – il peut s'approprier, c'est-à-
dire expliciter des « sens » (*Bedeutungen*) qui, à leur tour,
fondent le langage[2].

Mais ici se présente une objection : le monde ne
s'évanouit-il pas lorsqu'on le définit par la *Bedeutsamkeit* ?
Le monde ne devient-il pas, dans cette hypothèse, un ensemble
de signes, une pure subjectivité ? N'est-ce pas une définition
purement idéaliste du monde ? Mais, précisément, nous avons
attiré l'attention sur le fait que *Bedeutsamkeit* ne veut pas dire
simplement « signification ». Les références dont nous avons
montré l'existence et que nous avons analysées ne sont en
aucune manière purement idéales ; au contraire, c'est au sein
de ces références que se tient toujours la préoccupation
« réelle » : elle ne peut les éviter. Ces références n'ont donc
rien d'arbitraire. Comment, dès lors, parler d'idéalisme ?

---

1. *S. u. Z.*, p. 87 ; *ET*, p. 125.
2. *Ibid.*

En ce point de l'exposé, nous devons résumer brièvement les résultats auxquels nous sommes parvenus et indiquer comment se superposent les différents plans de l'analyse. Nous avons commencé par la description essentielle de l'étant intramondain (l'étant-sous-la-main, l'ustensile) ; nous l'avons ensuite distingué de l'étant-simplement-donné (*Vorhandenes*) ; puis nous avons essayé de mettre en lumière *ce qui rend possible la découverte de l'étant intramondain comme tel*, de saisir *le caractère mondain* de l'étant intramondain *et la mondanéité du monde en général*. Les deux premières déterminations de l'étant, l'être de l'étant-sous-la-main et l'être de l'étant-simplement-donné sont catégoriales ; elles se réfèrent à des étants non-humains. L'être du monde, lui, fondé sur la mondanéité du monde, a été caractérisé comme existential ; mais le monde n'en devient pas pour autant une réalité subjective ; au contraire, il nous donne la possibilité de nous rendre accessible l'étant dans sa matérialité et sa substantialité. Les références constitutives du monde « ne sont pas imaginées ou posées par la "pensée" ; ce sont des relations au centre desquelles la préoccupation circonspecte est toujours déjà installée »[1].

Heidegger a montré, dans les analyses dont ce qui précède tente de restituer le contenu, en quoi consistent la nature et les conditions du phénomène monde, et la compréhension constitutive qu'il présuppose ; mais il n'en détruit pas pour autant l'*existence* du monde. Au contraire, il caractérise le *Dasein* comme *Angewiesenheit*, comme existant nécessairement référé, *renvoyé* à l'étant non-humain. L'être du *Dasein* ne peut se réaliser que grâce à la « compréhension » d'étants catégoriaux ; mais comme cette compréhension – qui doit être entendue au sens d'une *visée*, comme on l'a indiqué plus haut – est celle du *Dasein*, le monde devient un existential.

1. *S. u. Z.*, p. 88 ; *ET*, p. 126.

CHAPITRE IV

LE PROBLÈME DU MONDE CHEZ DESCARTES

La description qui vient d'être donnée de la mondanéité du monde n'est qu'une première esquisse. Mais avant de la compléter, Heidegger oppose à sa conception une interprétation traditionnelle, celle de Descartes, de façon à préciser le contraste qui existe entre les deux interprétations. S'il choisit la conception cartésienne, c'est à cause de son influence sur toute la philosophie moderne. Loin de se contenter de la décrire, Heidegger dégage les présupposés ontologiques qui lui servent de base.

« Descartes considère comme détermination ontologique fondamentale du monde, l'extension »[1]. Et il identifie l'extension à la spatialité. La spatialité est un élément co-constituant du monde. La critique de la conception cartésienne de l'espace va nous permettre d'écarter les fausses conceptions de la spatialité du *Dasein*. L'analyse que fait Heidegger de la conception cartésienne aborde successivement trois problèmes : « 1) La détermination du « monde » comme res extensa (§ 19). 2) Les fondements de cette détermination ontologique (§ 20). 3) La critique de l'ontologie cartésienne du monde (§ 21) »[2].

1. *S. u. Z.*, p. 89 ; *ET*, p. 127.
2. *S. u. Z.*, p. 89 ; *ET*, p. 127.

LA DÉTERMINATION DU MONDE COMME « *RES EXTENSA* »

La distinction capitale établie par Descartes entre l'*ego cogito* et la *res extensa* a été maintenue dans toute la philosophie ultérieure comme distinction entre l'*esprit* et la *matière*. Mais le fondement ontologique de cette distinction n'en reste pas moins obscur.

L'interprétation cartésienne du monde est déterminée par sa conception de la *res corporea*. Quelle est l'ontologie qui commande cette interprétation ? L'être de la *res corporea* c'est la substance [1]. Mais la notion de substance est ambiguë, comme l'était déjà la notion grecque d'ουσια. Elle signifie d'une part la *substantialité*, ce qui fait qu'une substance est substance, c'est-à-dire l'*être* de cet étant qu'est la substance et d'autre part l'étant lui-même. Dans ce dernier sens, on parle aussi « des » substances. Le terme la « substantialité », au contraire, ne s'emploie jamais au pluriel, parce qu'il désigne précisément ce qui se retrouve identique à ses différentes substances.

Pour Descartes, la substantialité de la *res corporea* est *l'extension*. Parce que c'est l'extension qui rend possible tous les autres attributs de l'étant, comme la division, la figure, le mouvement (*divisio, figura, motus*). « *Nam omne aliud, quod corpori tribui potest, extensionem praesupponit* » [2]. C'est donc ce qui préexiste à toutes les autres modalités, ce qui constitue la substantialité de la substance. Descartes montre comment la forme (*figura*), le mouvement, mais aussi la dureté, le poids et la couleur présupposent toujours l'extension. La *res corporea* peut se modifier, se transformer mais à travers

---

1. *S. u. Z.*, p. 90 ; *ET*, p. 128.
2. *Principia*, I, n°53, p. 25 (Ed. Adam-Tannery, vol. VIII), cité dans *S. u. Z.*, p. 90 ; *ET*, p. 128.

toutes les transformations possibles, elle garde toujours une certaine extension. Et ce qui demeure ainsi, malgré les variations possibles, détermine la substantialité de la substance.

LES FONDEMENTS DE LA DÉTERMINATION ONTOLOGIQUE DU MONDE

Quels sont les fondements de la détermination ontologique du « monde » ? La substance n'a pas besoin du concours d'autres étants pour être. Tout ce qui subsiste de soi et par soi, est donc *substance*. Dans ce sens, Dieu comme *ens perfectissimum* est la substance proprement dite. Mais l'étant créé par Dieu *est* lui aussi. Bien qu'il y ait entre Dieu et la créature une différence infinie, on parle des créatures comme d'étants, chacune est subsistante. Ce qui est créé par Dieu, en tant que créé, suppose l'acte créateur de Dieu, mais une fois créée, la créature n'a plus besoin d'aucun autre étant pour subsister. Les substances, entendues en ce sens, se ramènent à la *res cogitans* et à la *res extensa*.

Pour vérifier si l'extension est bien la substantialité authentique de la *res corporea*, ne conviendrait-il pas d'analyser les rapports qui peuvent exister entre cette substantialité et les deux autres substances ? En effet, si la *res corporea*, la *res cogitans*, et Dieu lui-même peuvent être appelés *substances*, il semble qu'il faille montrer pourquoi elles sont dites toutes trois substances, quelle est leur détermination commune, ce qui fait qu'on leur attribue la même dénomination [1]. Mais Descartes évite le problème, « le sens de l'être découvert par l'idée de substantialité n'est pas discuté, de même que le caractère de "généralité" de cette signification » [2]. Il dit

1. *S. u. Z.*, p. 93 ; *ET*, p. 131.
2. *S. u. Z.*, p. 93 ; *ET*, p. 132.

simplement « *nomen substantiae non convenit Deo et illis univoce* ». Ce problème avait préoccupé la philosophie scolastique. Quand on dit « Dieu *est* », « la créature *est* », le mot *est* ne peut signifier dans les deux cas la même chose puisqu'il y a entre Dieu et la créature une différence infinie. Mais ni les scolastiques, ni Descartes n'ont résolu cette difficulté. Descartes évite expressément le problème en affirmant que la substance, comme telle (la substantialité), est en elle-même inaccessible ; et cela parce que l'on n'atteint que ses attributs. Pour éviter la problématique qui lui aurait permis d'éclairer le sens de l'idée d'être, il cherche un subterfuge ; il dit que l'être ne s'exprime que par les attributs conférés à l'étant. Mais en choisissant les attributs qu'il prétend essentiels parmi la diversité des attributs possibles, il présuppose nécessairement une certaine conception du sens de l'être. Conception qui se trahit précisément dans cette qualification d'*extensio* attribuée à la substance finie.

Descartes représente donc l'idée de substantialité, qu'il reconnaît au fond inexplicable, par l'attribut de l'extension, que les autres propriétés présupposent nécessairement. N'y a-t-il pas ici une confusion entre la problématique ontologique et la problématique ontique ? Ces affirmations ne cachent-elles pas l'impuissance de la philosophie cartésienne à maîtriser le problème fondamental de l'être [1]. Si Heidegger essaie de mettre en lumière les équivoques contenues dans la problématique cartésienne, il ne le fait pas, bien entendu, par souci historique ou philosophique, mais dans le but de dégager un problème que l'on n'avait pas encore abordé jusqu'ici et de le résoudre à partir de données plus originelles.

---

1. *S.u. Z.*, p. 94 ; *ET*, p. 132-133.

La critique de l'ontologie cartésienne du « monde »

Parvenu à ce point de son exposé, Heidegger se pose une double question : l'ontologie cartésienne du monde s'efforce-t-elle vraiment d'atteindre le phénomène du monde ? Essaye-t-elle de comprendre l'étant intramondain de façon à révéler son caractère mondain [1] ?

L'étant que Descartes a caractérisé par l'extension, c'est l'étant-simplement-donné (*Vorhandenes*), celui qui, de façon secondaire et dérivée, se manifeste à travers l'étant-sous-la-main. Mais Descartes en néglige complètement l'aspect ustensilier ; c'est ce qui l'empêche, comme nous allons le voir, d'en découvrir la mondanéité.

On ne peut résoudre le problème de la mondanéité, avons-nous vu, qu'à la condition de posséder un moyen qui permette d'approcher l'étant qu'il s'agit de comprendre. De quel moyen Descartes dispose-t-il pour pénétrer la substantialité de l'étant ? De « l'*intellectio*, au sens de connaissance physico-mathématique »[2]. Cette connaissance se caractérise par le fait qu'elle saisit l'étant de manière certaine, qu'elle le domine. La certitude et la sûreté de la connaissance mathématique lui confèrent un rôle prééminent parmi toutes les formes de connaissance. Par son caractère propre, elle se trouve en étroite liaison avec la conception cartésienne de la substance. La substance est ce qui demeure toujours, ce qui se maintient toujours à travers tous les changements, la « *remanens capax mutationum* ». « Est véritablement, ce qui demeure toujours »[3]. C'est pourquoi la substance se révèle précisément aux mathématiques qui nous livrent des résultats stables et certains.

---

1. *S. u. Z.*, p. 95 ; *ET*, p. 134.
2. *Ibid.*
3. *S. u. Z.*, p. 96 ; *ET*, p. 135.

Au lieu de porter son attention sur la modalité d'être de l'étant intramondain qui se manifeste dans la vie quotidienne, Descartes pose arbitrairement dans l'étant une certaine modalité d'être, dérivée d'un préjugé selon lequel l'être est permanence continue. L'ontologie cartésienne du monde n'est pas déterminée par la prédilection de son auteur pour les mathématiques, mais cette prédilection même est conditionnée par l'idée qu'il s'est faite de l'être subsistance-perpétuelle. Dans cette perspective, les mathématiques constituent évidemment la méthode idéale. De plus, l'intuition cartésienne de l'être est en connexion avec l'adéquation que Descartes établit entre vérité et certitude. Est vrai ce qui est certain, sûr [1]. La certitude devient ainsi le critère de la vérité. Car ce qui subsiste toujours, cela seul est vraiment certain.

> L'idée d'être, comme permanence perpétuelle, non seulement le pousse à identifier au monde en général une détermination secondaire de l'être de l'étant intramondain, mais elle l'empêche du même coup de scruter ontologiquement et adéquatement les différents types de compréhension du *Dasein*. Il se barre ainsi complètement le chemin qui l'amènerait à découvrir le fondement de toute compréhension (*Vernehmen*), sensitive ou rationnelle, en comprenant l'idée de l'être comme une possibilité de l'être-dans-le-monde. D'autre part, l'être du *Dasein* auquel l'être-dans-le-monde appartient comme structure constitutive, est conçu par Descartes comme une substance, tout comme l'être de la *res extensa* [2].

---

1. Les prédicats de « claire » et « distincts », qui reviennent toujours aux endroits importants, sont eux aussi fondés dans la conception de la vérité comme certitude. De ce que nous est donné clairement et distinctement, de cela nous pouvons être sûrs.

2. *S. u. Z.*, p. 98 ; *ET*, p. 137.

Mais ces reproches sont-ils justifiés ? Les problèmes que Heidegger prétend retrouver chez Descartes ne sont-ils pas étrangers aux préoccupations de celui-ci ? Comment Descartes peut-il identifier l'étant intramondain et le monde lui-même s'il n'a pas posé le problème du monde ?

Heidegger répondra que Descartes, quoi qu'on en pense, a bien posé le problème du monde et même qu'il a prétendu le résoudre (cf. surtout la première et la sixième méditation) [1]. Qu'il n'y ait pas réussi – de par les insuffisances de l'ontologie traditionnelle – c'est précisément ce que nous venons de montrer.

On pourrait cependant se demander si Descartes, bien qu'il n'ait pas résolu le problème du monde, a tout de même jeté certaines bases de solution. En caractérisant ontologiquement la *res extensa*, il aurait permis de poser le problème de l'étant matériel, point de départ de la pensée ultérieure. Par dessus cette couche fondamentale seraient venu s'édifier les autres aspects de la réalité intramondaine : d'abord les qualités réductibles à l'extension, puis les qualités irréductibles, telles que « beau », « laid », « utile », « employable », qualités de valeur qui font de la chose un bien. L'accumulation de toutes ces qualités donnerait finalement l'ustensile. Ne pourrait-on pas dire que l'analyse cartésienne du « monde » a ainsi préparé la transition de l'objet : *nature*, à l'objet : *valeur* (bien) ? Loin de là. Non seulement cette façon de présenter le problème du monde ne lui apporte aucune solution, mais de plus l'étant intramondain, l'étant-sous-la-main lui échappe totalement. Partant de la matérialité comme substance de l'étant, Descartes ne voit que l'étant-simplement-donné. Aucune valeur surajoutée pourra en changer la nature. Au contraire, ces prédicats eux-mêmes seront pris comme les

1. *S. u. Z.*, p. 98 ; *ET*, p. 137.

attributs d'un étant-simplement-donné. Au lieu de devenir
étant-sous-la-main, la substance reste étant-simplement-donné ;
elle se voit seulement adjoindre, par une sorte de mystère,
des prédicats de valeur. L'erreur initiale vouait à l'échec tout
développement ultérieur.

Pour éviter cette erreur, il faut corriger le point de départ :
« Descartes atteint si peu par son *extensio*, prise comme
propriété, l'être de la substance, que malgré le subterfuge des
propriétés de valeur, il n'arrive pas à atteindre l'être comme
être-sous-la-main, et encore moins à en faire le thème d'une
recherche ontologique »[1].

Dans la seconde partie[2] de *Sein und Zeit*, Heidegger se
proposait d'expliquer l'absence d'une problématique du
monde chez la plupart des philosophes et à montrer comment
ils ont tâché de remédier à cette déficience par l'analyse de
l'étant intramondain ; cet étant, ils ont alors cherché à le
découvrir dans la nature, se condamnant dès lors à faire appel
à des propriétés de valeur pour compléter leur ontologie.

> Les considérations sur Descartes devraient faire voir que le
> point de départ qui paraît aller de soi – les choses du monde
> et l'appel à une connaissance prétendument exacte – ne peut
> fournir les fondements d'une découverte des structures
> ontologiques du monde, du *Dasein* et de l'étant intramondain[3].

---

1. *S. u. Z.*, p. 100 ; *ET*, p. 139.
2. Non publiée lors de la première édition de cette étude..
3. *S. u. Z.*, p. 101 ; *ET*, p. 140.

CHAPITRE V

LE MONDE ENVIRONNANT
ET LA SPATIALITÉ DU *DASEIN*

Peut-être l'interprétation cartésienne du monde se trouvera-t-elle quand même justifiée, si l'on saisit la portée du problème de la spatialité. Nous avons signalé que le *Dasein*, comme être-dans-le-monde, possède une certaine spatialité. Il convient maintenant de l'analyser.

Cette étude s'attache d'abord au caractère spatial des étants intramondains (*Sein und Zeit*, § 22) ; de là elle passe à la spatialité de l'être-dans-le-monde (§ 23), et elle se termine par l'analyse de la relation qui doit être établie entre la spatialité du *Dasein* et l'espace (§ 24).

LA SPATIALITÉ DES ÉTANTS-SOUS-LA-MAIN

Si l'espace appartient en quelque façon au monde, les étants intramondains doivent, eux aussi, posséder leur spatialité. En essayant de saisir leur structure ontologique, nous avons donc dû saisir, du même coup, implicitement du moins, leur caractère spatial.

En traitant des étants-sous-la-main, nous avons parlé de
l'étant-sous-la-main le plus proche (« *das zunächst
Zuhandene* »). L'idée de proximité d'ailleurs est déjà suggérée
par le seul terme d'*étant-sous-la-main*. Cependant, cette
proximité varie suivant les ustensiles. Il n'est pas possible,
d'ailleurs, de la mesurer dans l'espace pur. N'oublions pas
nos lunettes, très proches de nous selon l'espace pur, au profit
d'autres ustensiles dont nous usons de façon explicite et qui,
par là même, nous sont plus proches ? La proximité réelle est
déterminée par l'usage que nous faisons des ustensiles. Ceux
qui nous servent dans nos travaux habituels nous sont plus
proches que les autres. Le *Dasein* circonspect indique sa place
à chaque ustensile, selon l'importance qu'il lui donne dans
sa vie. Mais comme un ustensile n'existe jamais seul, sa place
le situe toujours au sein d'un complexe ustensilier. La proximité
dépend donc d'une certaine organisation, dont le principe
d'ordre n'est autre que l'action du *Dasein*. C'est elle qui fixe
à chaque ustensile la place qui correspond à son utilité pratique.
L'espace qui naît de cette ordonnance n'a rien de commun
avec l'espace géométrique. Les différentes places n'ont pas
la même valeur ; leur hiérarchie s'établit suivant le degré de
nécessité que revêtent les ustensiles à l'égard du travail actuel.
Ainsi ce qui se trouve actuellement sur notre table de travail
a une importance plus grande pour nous que le reste de la
chambre où nous nous trouvons. Mais, même au sein de cette
unité qu'est notre table, nous réservons des places privilégiées
au papier sur lequel nous écrivons, ou au stylo dont nous nous
servons.

La place est donc le *lieu* qui est attribué à un ustensile
dans un ensemble, en fonction de son degré d'utilité éventuelle.
Les différentes places d'un complexe sont entre elles dans le
même rapport que les ustensiles eux-mêmes.

Mais pour que nous puissions distribuer ces places, il nous faut au préalable avoir découvert la *région* (*Gegend*) – la zone au sein de laquelle elles se répartissent. Selon la conception habituelle, c'est la somme des places qui constitue la région. Selon Heidegger, au contraire, il faut nécessairement que soit préalablement découverte *la région* en tant que condition nécessaire de la répartition des places. La place, comme nous l'avons vu, n'est jamais un point isolé, « abstrait » qui se suffirait à lui-même. Elle est nécessairement orientée (disposée), relative aux autres places. L'éloignement (*Entferntheit*) des places les unes par rapport aux autres, leur orientation ou disposition mutuelles, présupposent la région.

La donnée de la hiérarchie des places au sein de la région détermine le caractère typique du monde environnant, ce que Heidegger appelle « *das Umhafte* », le caractère environnant. La découverte des étants environnants suppose donc la région et, au sein de cette région, les relations entre les places. Ces relations sont, à leur tour, fonctions de la destination de chaque ustensile. Elles ne peuvent donc se déduire de la *pure distance*, qui, précisément, exclut toute hiérarchie, et fait abstraction, du même coup, du caractère « mondain » de l'espace où se situent les étants-sous-la-main. L'espace n'est donc pas saisi indépendamment de l'étant qui l'occupe. C'est de cet étant, au contraire, qu'il reçoit toute sa signification.

Ce que le *Dasein* préoccupé découvre, ce n'est donc pas, à strictement parler, « l'espace », mais les *places* des étants : « L'espace est éparpillé en places »[1]. Ce qui ne veut pas dire, bien entendu, que les différentes places « existent » séparément, mais que l'espace nous est donné, dans la vie quotidienne, sous la forme des places qu'occupent les différents ustensiles, liés eux-mêmes en un complexe ustensilier.

---

1. *S. u. Z.*, p. 104 ; *ET*, p. 144.

Les places sont soit *découvertes* par le *Dasein*, soit, lorsqu'il s'agit des étants-sous-la-main, déterminées par lui. Ainsi le *Dasein* attribue à chacun des ustensiles sa place au sein d'un complexe ustensilier. Par ailleurs, le soleil par exemple, qui nous donne la chaleur et la lumière avec lesquelles nous devons compter dans notre existence, a, lui aussi, ses places bien déterminées : lever, zénith, coucher. Nous nous servons de ces places, ou plus exactement des changements qui s'opèrent d'une de ces places à l'autre, pour régler notre travail. Ces places sont *découvertes*.

Le *Dasein* quotidien rencontre d'avance, dans son action, les régions qui ont une destination particulièrement importante. La découverte d'une région est liée à la découverte de l'unité référentielle au sein de laquelle l'ustensile prend un sens pour le *Dasein*.

Nous avons déjà montré comment le *Dasein* est familiarisé avec l'étant-sous-la-main. Il en est de même pour la région. La région a, elle aussi, le caractère d'être-sous-la-main. Et cependant, si la région fait partie de sa vie quotidienne, le *Dasein* ne la saisit pas explicitement, sinon dans les « modalités de la préoccupation »[1], où, la chose venant à faire défaut, la place elle-même se révèle de façon manifeste en tant que place : alors seulement place et région sont explicitement perçues.

Selon la conception traditionnelle, il y a d'abord un espace vide, qui est ensuite rempli par le monde environnant. Pour Heidegger, au contraire, la mondanéité est le fondement des connexions référentielles, et celles-ci sont à l'origine des places. « Chaque monde découvre la spatialité de l'espace qui lui appartient »[2]. « Chaque monde », c'est-à-dire chaque

1. *S. u. Z.*, p. 104 ; *ET*, p. 144.
2. *Ibid.*

Dasein mondain. Mais alors comment expliquer la découverte des places qui conviennent aux étants-sous-la-main ? Ne devons-nous pas, pour fonder la découverte de l'espace, présupposer un *Dasein* lui-même spatialisant ?

LA SPATIALITÉ DE L'ÊTRE-DANS-LE-MONDE

Nous avons caractérisé la spatialité des étants-sous-la-main par la notion de *place*. Comment allons-nous caractériser celle du *Dasein* ? Ne devons-nous pas retrouver entre ces deux spatialités la même différence qu'entre les deux modes d'être auxquelles elles appartiennent ?

L'être-dans-l'espace du *Dasein* doit être compris à partir des rapports qui unissent le *Dasein* aux étants-intramondains qui lui sont familiers. La spatialité de cet *être-dans* est déterminée par les opérations de *rapprocher* et de *situer*. Le terme allemand *Ent-fernung*, que nous traduisons par « rapprochement », doit être entendu au sens étymologique de « faire disparaître l'éloignement ». Le *Dasein* est essentiellement rapprochant, il rapproche les étants, découvrant par là même la distance (*Entferntheit*). La *distance pure* ne se révèle donc au *Dasein* que parce qu'il est rapprochant. À strictement parler, un point n'est pas « éloigné » d'un autre point, car il ne peut ni franchir la distance, ni l'augmenter ou la diminuer ; il n'est pas *rapprochant*. Il ne connaît pas non plus la distance : celle-ci ne se manifeste qu'à l'activité rapprochante du *Dasein*.

Dans la vie quotidienne, le rapprochement est toujours circonspect ; en rapprochant les étants, le *Dasein* s'efforce de les mettre à sa disposition. Certaines modalités de la connaissance pure ont cependant, elles aussi, un caractère « rapprochant ».

« *Im Dasein liegt eine wesenhafte Tendenz auf Nähe* » :
le *Dasein* a une tendance fondamentale à tout rapprocher. Les
records de vitesse, par exemple, ont-ils un autre sens que de
satisfaire cette tendance ? Mais le rapprochement ne fait pas
nécessairement surgir l'espace à la conscience claire. Dans
la vie quotidienne, l'éloignement n'est jamais saisi comme
pure distance. Tous les jugements qu'il porte sur les distances,
le *Dasein* les porte en fonction de sa vie quotidienne. Les
estimations scientifiques l'intéressent peu ; les estimations
vécues, au contraire, ont pour lui bien plus de précision et
d'efficacité, qu'il s'agisse de sa vie personnelle ou de sa vie
sociale.

Vient-il à se servir des estimations scientifiques, c'est
encore sa préoccupation quotidienne qui lui permet de les
comprendre. Une heure, ce n'est pas, pour lui, une suite de
60 minutes, mais le temps qu'il met à accomplir telle ou telle
besogne. Même s'il lui arrive de commettre une erreur
scientifique, ses estimations ne doivent pas pour autant être
jugées fausses ou subjectives ; elles expriment son monde
spatial à lui. Si, pour un malade, une distance déterminée est
dix fois plus longue que pour un homme sain, il n'en faut pas
conclure qu'il se trompe ; il a réellement dix fois plus de peine
à franchir cette même distance. Cette « subjectivité » n'a rien
d'arbitraire ; il est faux d'opposer au monde du *Dasein*
préoccupé un monde « réel » en soi. Le « monde » que le
Dasein découvre dans la préoccupation, c'est le « monde »
réel et non un « monde » fictif. C'est dans ce « monde » qu'il
agit, qu'il réalise son existence : « Le rapprochement
circonspect du *Dasein* quotidien découvre l'être en soi du
"monde réel" [monde vrai] de l'étant sur lequel, par son
existence même, le *Dasein* est toujours ouvert »[1].

1. *S. u. Z.*, p. 106 ; *ET*, p. 147.

La spatialité du *Dasein* dans-le-monde ne peut donc être comparée à l'espace scientifique. Les distances de la vie quotidienne ne peuvent être déterminées par des mesures objectives, mais seulement par nos préoccupations elles-mêmes et par la vue directrice qui les commande.

Le « rapprochement » ne consiste pas, pour le *Dasein*, à placer un objet à faible distance de son corps, mais à le placer au centre des objets qui sont à sa portée, à en faire un étant-sous-la-main. Le rapprochement n'est pas orienté vers notre corps, corps matériel parmi d'autres corps matériels, mais vers un centre de préoccupations. Il est même faux de dire que notre corps occupe dans l'espace une place analogue à celle des corps matériels ; la place de notre corps ne peut se comprendre qu'à partir de l'activité rapprochante.

Quand le *Dasein* dit « ici », il ne désigne pas une place de l'espace, mais bien ce qui l'occupe, ce auprès de quoi il se tient. Le *Dasein* n'est pas un être enfermé en lui-même qui, après bien des efforts, parviendrait à sortir de sa coquille ; il est toujours déjà « là » (*Dort*), il est toujours auprès d'un ustensile, d'un travail, etc. Son « ici » est un centre pour tous les « là ». C'est pourquoi – comme le dit Heidegger – le *Dasein* ne peut se mouvoir géométriquement d'un point à un autre ; il ne fait que changer son « ici ». Il ne peut pas se mouvoir « dans des distances », parce que ces distances ne sont pas fixes, mais elles sont projetées à partir du lieu même où le *Dasein* se trouve. Il est donc impossible au *Dasein* d'annihiler les distances ; il ne peut que les changer. S'il se trouve maintenant près d'un objet naguère fort éloigné, ce n'est pas pour avoir supprimé les distances – car il reste toujours le centre d'où elles partent – mais pour avoir modifié la distribution en changeant son « ici ».

« Le *Dasein* qui, comme être-dans-(le-monde), est rapprochant, possède, par là même, un caractère situant »[1]. Tout rapprochement s'accomplit dans un *situer* (*Ausrichtung*) au sein d'une région. « La préoccupation circonspecte – écrit Heidegger – est un rapprochement situant »[2]. Dans sa préoccupation, toujours situante (ordonnée), le *Dasein* se donne des signes, indiquant des directions[3], des régions dont il se sert. De par sa seule *existence*, le *Dasein* rapproche et situe des régions ; il se dirige, dans cette action, par sa *circonspection*. L'action de situer, toujours liée d'ailleurs à celle de rapprocher, se fonde en dernière analyse, sur l'être-dans-le-monde. La gauche et la droite, par exemple, ne sont pas de pures déterminations subjectives, mais « des directions situées dans un monde déjà présent »[4].

Le « rapprocher » et le « situer » sont deux caractères constitutifs de l'être-dans-le-monde ; ce sont eux qui déterminent la spatialité du *Dasein*, en lui donnant la possibilité de se mouvoir dans l'espace mondain.

LA SPATIALITÉ DU *DASEIN* ET L'ESPACE

Le *Dasein*, comme être-dans-le-monde, a toujours déjà découvert un « monde ». Cette découverte est une libération de l'étant au sein d'un complexe référentiel. Autrement dit : le *Dasein* rend possible l'étant en le découvrant au sein d'un ensemble référentiel, d'une unité de destinations. Dans cette découverte, le *Dasein* est guidé par la circonspection qui,

---

1. *S. u. Z.*, p. 108 ; *ET*, p. 149.

2. *Ibid.*

3. Le mot allemand « *Ausrichtung* » contient déjà le terme de direction, *Richtung*.

4. *S. u. Z.*, p. 109 ; *ET*, p. 149.

elle-même, suppose la connaissance préalable de la *Bedeutsamkeit*[1]. Telles sont les conclusions auxquelles nous a conduit l'étude du monde.

Mais nous venons de voir que l'étant ne peut être atteint dans sa spatialité que si le *Dasein* est, lui-même, spatialisant. C'est en établissant le complexe des références que le *Dasein* découvre, du même coup, la spatialité, c'est-à-dire à la fois la place de chaque ustensile au sein du complexe et la région où le complexe se situe.

L'étant-sous-la-main n'est pas d'abord séparé de son espace; il y occupe toujours une *place* qui lui est fixée par la nature même de son être. Toutefois, cet espace n'est pas encore l'espace pur, l'espace géométrique. Il est le « lieu » (*Wohin*) qui convient à l'ustensile au sein du complexe ustensilier.

Par son action, le *Dasein* ne se borne pas à confier une place à lui-même, il assigne aussi leur place à chacun des ustensiles dont il se sert.

L'ensemble des destinations caractéristiques de l'étant-sous-la-main intramondain comporte toujours, nous l'avons dit, une destination spatiale[2]. L'étant-sous-la-main, qui fait partie de cet ensemble, possède donc sa destination spatiale. Le *Dasein*, en tant qu'il rend possible la rencontre de l'étant-sous-la-main, lui *attribue l'espace* (*Einraümen*), ou plus exactement il lui découvre sa spatialité propre. Cette activité spatialisante du *Dasein* est un existential, c'est-à-dire un caractère fondamental de l'homme. Grâce à elle, le *Dasein* peut s'installer dans l'espace, peut intervertir les places des étants.

D'habitude, la spatialité comme telle n'est pas saisie explicitement, elle reste liée à l'étant-sous-la-main, perdu

---

1. *Cf. S. u. Z.*, p. 52 sq.; *ET*, p. 85 sq.
2. *S. u. Z.*, p. 111; *ET*, p. 151.

lui-même dans la préoccupation quotidienne. L'espace ne se découvre originairement qu'au *Dasein* préoccupé : il est donc lié à la spatialité des ustensiles (places). Mais sur la base de cette découverte, ou plus exactement de cette présence de la spatialité, le *Dasein* peut se construire une science théorique de l'espace.

Heidegger conclut son analyse de l'espace en écrivant : « L'espace n'est pas dans le sujet, mais le monde n'est pas non plus dans l'espace »[1]. Nous n'avons pas en nous un espace que nous projetons hors de nous. Dès qu'il existe, le *Dasein* est déjà dans un monde, préoccupé d'emblée de ses affaires, absorbé par ses intérêts.

Mais si l'espace n'est pas dans le sujet, il n'est pas non plus en soi : Heidegger rejette également la thèse de la *potentia repleri*. Le monde n'est pas « dans » l'espace, parce qu'il n'y a pas d'espace sans monde.

Est-il possible de comprendre un espace qui ne soit ni subjectif ni objectif ? Oui, répondit Heidegger, pour qui il existe une troisième possibilité, située au-delà du subjectivisme et de l'objectivisme. Ici, comme dans bien d'autres cas, Heidegger corrige la problématique traditionnelle :

« L'espace est plutôt "dans" le monde, en ce sens que l'être-dans-le-monde, détermination constitutive du *Dasein*, a fait surgir l'espace »[2]. L'espace n'est donc « subjectif » ni « objectif », c'est le *Dasein* lui-même qui est spatialisant.

Cette thèse ne conduit-elle pas tout de même au subjectivisme ? Soutenir une telle objection serait se méprendre sur la nature du *Dasein*. Car le terme *Dasein* ne désigne nullement le « moi », le « sujet » traditionnel. Le sens qui lui

1. *S. u. Z.*, p. 111 ; *ET*, p. 152.
2. *Ibid.*

est donné implique un dépassement radical du subjectivisme traditionnel [1].

C'est parce que le *Dasein* est spatialisant que l'espace est un élément *a priori*. *A priori* ne signifie d'ailleurs pas que l'espace serait un produit isolé, mais que la nature du *Dasein* fonde la découverte de l'espace ; découverte qui ne se produira que dans la rencontre du *Dasein* avec les étants.

Peut-être importe-t-il de souligner que Heidegger ne prétend pas résoudre ici le problème de l'espace comme tel ; son seul but est de souligner le rôle de l'espace dans la structure du *Dasein* quotidien.

Ce n'est pas en vain que Heidegger pose le problème de cette façon. C'est en effet dans notre existence quotidienne que l'espace nous est présent, et c'est à partir de là que nous pouvons atteindre à une connaissance de l'espace comme tel. Les analyses qui précèdent nous ont permis de comprendre la manière dont nous rencontrons l'espace ; toutefois, le problème plus fondamental de la signification ontologique de l'espace est resté en suspens. Ce problème, il ne faut pas espérer le résoudre par la science. L'espace scientifique (l'espace pur) fait abstraction de toute relation de l'espace avec le monde. Les *places* qui ont, dans le monde, leur importance et leurs caractères propres, perdent aux yeux de la science toute individualité. La spatialité perd son caractère de destination ; le monde environnant se change en un monde scientifique, en une « nature ». Les étants-sous-la-main intramondains se changent en objets étendus simplement donnés. L'espace homogène des sciences implique une démondanéisation de l'étant-sous-la-main. Mais nous subissons tellement l'influence des sciences, qu'il nous est assez difficile

---

1. *Cf.* l'introduction à « Was ist Metaphysik ? », 5ᵉ éd. ; *QM*, introduction.

de comprendre l'attitude originelle du *Dasein* devant l'espace ;
le but de Heidegger est précisément de nous y ramener.

Le *Dasein* est nécessairement spatialisant ; mais ce fait,
Heidegger le dit explicitement, ne révèle pas encore la nature
de l'espace [1]. S'il diffère ontologiquement de l'étant-sous-la-
main et de l'étant-simplement-donné, est-il de même nature
que le *Dasein* ? Le problème de l'être de l'espace ne sera pas
résolu aussi longtemps que le problème de l'Être comme tel
n'aura pas été quelque peu éclairci.

Mais si Heidegger consacre en ce point de son exposé
tous ces développements au problème de l'espace, sans
prétendre encore en donner une solution adéquate, c'est qu'il
veut montrer que l'espace ne peut être un élément ontologique
primordial de l'étant-intramondain, qu'il ne peut être l'élément
fondamental du monde ; au contraire, l'espace ne peut se
comprendre, selon lui, qu'à partir du monde, ce qui d'ailleurs
n'exclut pas que l'essence puisse être un élément co-constituant
du monde.

---

1. *S. u. Z.*, p. 112 ; *ET*, p. 152-153.

DEUXIÈME PARTIE

INTRODUCTION

Jusqu'ici, nous avons essayé d'expliquer l'être-dans-le-monde du *Dasein* quotidien, en insistant surtout sur l'élément structurel « monde ». Les exposés qui précèdent avaient pour but de dégager le sens de la mondanéité du monde, et ils nous ont permis de la saisir comme « *Bedeutsamkeit* ». Il s'agit maintenant d'analyser plus profondément le *Dasein* et de préparer ainsi la problématique transcendantale du monde.

Nous mettrons d'abord en lumière la modalité d'« être-avec » du *Dasein*. Puis nous indiquerons les éléments structurels du *Dasein* : la disposition (affective) et la compréhension (*Befindlichkeit und Verstehen*)[1]. Nous étudierons ensuite la structure fondamentale dans laquelle s'unifient ces éléments : le *souci* (*Sorge*)[2]. Nous passerons enfin à ce qui rend possible le souci lui-même : *la temporalité*.

Dans les exposés précédents, nous avons pris comme point de départ le monde du *Dasein* quotidien. Il n'est pas inutile de le répéter. On a maintes fois, en effet, reproché à Heidegger de ne considérer qu'un monde-ustensile. Or, c'est bien le monde quotidien qu'il analyse, ce monde dans lequel nous nous trouvons tous les jours, sans, toutefois, y être nécessairement rivés. Car il dépend de nous de le dépasser.

---

1. À cette partie de l'exposé correspond le cinquième chapitre de la première partie de *ET*, les § 28-38.

2. *Cf.* le sixième chapitre de la première partie de *ET*, § 39-44.

Ce que nous ne pouvons pas dépasser, c'est la structure référentielle comme telle.

L'ÊTRE-AVEC

Dans le commerce avec les ustensiles, la présence des autres nous est découverte d'emblée ; la présence des autres, qui entretiennent certaines relations avec ces ustensiles. Ainsi une voiture est la voiture de quelqu'un, qui l'a choisie à son goût, une maison appartient à quelqu'un, qui l'a construite à sa guise. Quand le cordonnier fabrique des souliers, il les fait pour d'autres, qui vont les porter. Il est absurde de dire que nous avons d'abord des ustensiles et que nous n'arrivons à autrui qu'ultérieurement, par le détour d'une réflexion abstraite. Au contraire, autrui nous est présent aussi originellement que les ustensiles.

Dans les analyses précédentes, le problème de l'autrui n'a pas encore été expressément abordé. Mais il s'y trouvait déjà enveloppé d'une certaine manière, parce que le monde ne peut être conçu en dehors d'une relation à quelqu'un. Autrui n'est pas une « chose » qui serait donnée ultérieurement à l'expérience de notre moi isolé, mais en tant que nous sommes « êtres-dans-le-monde » notre existence est toujours déjà un « être-avec » autrui (*Mitsein*).

Il s'agit maintenant de comprendre ce que Heidegger entend par ce terme et pour cela d'examiner ce qui rend possible l'« *être-avec* ».

Nous sommes d'abord enclins à interpréter l'être-avec comme une co-présence de deux étants simplement donnés. Ainsi deux pierres qui gisent l'une près de l'autre déterminent une co-présence, l'une est « avec » l'autre dans la cour. Toutefois, ce qui rend possible l'être-avec, ce n'est pas la

proximité spatiale de deux étants, mais bien leur relation. Là
où une relation réciproque n'est pas possible, il ne peut y
avoir « être-avec ». Aussi devons-nous restreindre l'application
de ce terme au seul *Dasein*.

Mais nous ne pouvons nous borner à énoncer cette thèse
sans la justifier. Pour y arriver, nous devons d'abord essayer
de comprendre la signification du terme *Da-sein*. Il est composé
de deux mots : *Da* et *Sein*. D'habitude, on traduit *Da* par *là*,
Dasein par *être-là*. Mais cette traduction ne rend pas le sens
heideggerien du mot. Le *là* français traduit le *Da* comme un
adverbe de lieu. Or, le *Da* ne désigne pas chez Heidegger un
certain lieu, mais l'*ouverture* du *Dasein* sur l'étant. Cette
ouverture, qui entr'ouvre l'espace, est appelée par Heidegger
une irruption (*Einbruch*) dans l'espace. Voici la définition
qu'il donne du *Da* (en 1929, nous citerons à la fin de cet
exposé celle qu'il donne en 1947, de façon à marquer ainsi
l'évolution de sa pensée). « *Das Da ist der in sich aufgebrochene
Raum* »[1] : le « *Da* » est l'espace ouvert par l'irruption de
l'homme. L'homme compris comme *Dasein* n'est pas un
simple « objet » présent dans l'espace, comme une table ou
un caillou, mais l'étant qui révèle (ouvre) l'espace et qui est
lui-même spatial, en ce sens qu'il spatialise[2].

Le *Da* n'est donc pas, dans la terminologie heideggerienne,
un simple *là*, ni un lieu déterminé au sein de l'espace, mais
comme Heidegger le dit lui-même – « *ein Umkreis von
Offenbarkeit* »[3], « une zone dévoilée ». Ce terme doit être
expliqué. Il pourrait signifier : une zone contenant des étants
qui sont manifestes (dévoilés). Mais si c'est là ce que Heidegger

1. La citation est empruntée à un cours de Heidegger, *Einleitung in die
Philosophie*, Fribourg in Br., 1929. (voir si publié actuellement)

2. *Cf.* chap. v, surtout p. 69 *sq.*

3. Citation du cours *Einleitung in die Philosophie*, Bd. 27, Frankfurt-
am-Main, V. Klostermann.

voulait dire, il aurait dû employer l'expression : *Umkreis von Offembarem*. S'il écrit « Offen*barkeit* » au lieu de « Offen*barem* », c'est qu'il veut insister sur l'activité dévoilante de l'homme. Le « *Umkreis von Offenbarkeit* », c'est l'éclaircissement réalisé par l'homme, en telle sorte que, grâce à lui, des étants puissent devenir manifestes. Nous pouvons définir l'homme comme l'étant qui s'ouvre à chaque instant une certaine zone dévoilée grâce à son activité dévoilante [1].

Si nous voulons essayer de comprendre la pensée de Heidegger, nous ne pouvons sous-estimer l'importance de cette signification du « *Da* ». La détermination de l'homme, selon Heidegger, c'est d'être ouvert. Par l'ouverture, il lui est possible de rencontrer des étants : soit des ustensiles, soit des étants-simplement-donnés, soit des hommes. Cette ouverture rend possible la rencontre des étants, parce que, grâce à elle, l'homme se rend libre pour les étants, en les laissant être ce qu'ils sont [2].

Par cette ouverture, l'homme fait irruption dans l'étant en totalité. Et cette irruption lui rend l'étant manifeste. Elle s'opère d'ailleurs dans chaque comportement essentiel, dans la pensée philosophique aussi bien que dans l'art ou la science. C'est pourquoi Heidegger écrit dans *Qu'est-ce que la métaphysique ?* :

> L'homme – cet étant parmi d'autres étants – "poursuit des recherches scientifiques". Ce qui se produit dans cette poursuite, ce n'est rien de moins que l'irruption d'un étant, appelé homme, dans l'ensemble des étants, et cela de telle sorte que dans cette irruption et par elle, l'étant vient à éclore en ce qu'il est et tel qu'il est. L'irruption qui fait éclore aide à sa manière l'étant à devenir lui-même [3].

1. Das *Dasein* bringt in seinem Sein bei...
2. Cf. *EV*, chap. IV.
3. *WM*, p. 23-24, *QM*, p. 50.

Et dans le cours que nous avons cité plus haut, on peut lire :

> Ainsi, chaque existence humaine opère et se trouve toujours avoir opéré une irruption d'un type spécial dans l'étant, qui, d'ailleurs, peut être antérieur à l'existence de l'homme. Mais cette irruption n'est pas un acte par lequel l'homme s'interpose entre les étants, au contraire, elle se réalise de telle manière qu'en elle l'étant devient manifeste en tant qu'étant [1].

Le *Da* est donc pour Heidegger la zone dévoilée que chaque homme apporte d'emblée avec soi, grâce à son activité dévoilante, et au sein de laquelle il peut rencontrer l'étant devenu manifeste. L'ouverture révèle l'essence extatique de l'homme et la détermine.

Jusqu'ici nous avons insisté sur le *Da*, mais le mot *Da-sein* contient aussi le terme *être* (*Sein*). Nous n'aurons compris le *Dasein* qu'au moment où nous aurons saisi le rôle qu'y joue l'*être*. Le *Da*, c'est donc l'ouverture de l'existence vis-à-vis des autres étants, mais quel est le fondement de cette ouverture ? L'étant « existant » (homme) ne pourrait pas être ouvert aux autres étants s'il n'était pas déterminé dans son être par une relation à l'Être. C'est cette dernière relation que nous devons mettre à présent en lumière.

Dans *Le retour au fondement de la métaphysique*, Heidegger écrit : « Le mot (existence), désigne un mode de l'être, à savoir l'être de cet étant qui se tient ouvert pour l'ouverture de l'Être, dans laquelle il se tient, tandis qu'il la soutient » [2].

On pourrait interpréter ce texte de la façon suivante : l'homme soutient deux relations différentes : l'une avec d'autres étants, l'autre avec l'Être ; et il se trouve au centre

---

1. *Einleitung in die Philosophie, op. cit.*
2. *WM*, p. 14 ; *QM*, p. 34.

de toutes ces relations. Pour cette interprétation, le plan de l'humain serait donc, comme l'écrit Sartre, le plan essentiel [1]. Mais Heidegger, dans sa « Lettre à Beaufret », s'oppose explicitement à une telle conception : « *Statt dessen wäre, von Sein und Zeit her gedacht zu sagen : précisément nous sommes sur un plan où il y a principalement l'Être. Woher aber kommt und was ist le plan ? L'Être et le plan sind das Selbe* » [2].

Pour Heidegger, le plan fondamental est donc celui de l'Être. Afin de comprendre quel est le sens de cette conception et en quoi elle s'oppose de façon nécessaire à celle de Sartre, nous devons revenir sur les deux relations évoquées plus haut.

Et tout d'abord, comment est-il possible de se représenter ces deux relations, la relation avec l'Être et la relation avec les étants ? N'y a-t-il pas déjà une erreur à les situer sur le même plan ? Si nous essayons de les comprendre comme des relations du même degré, il ne nous est plus possible de séparer l'étant de l'Être. L'Être doit alors nécessairement être compris comme un étant et, par conséquent, méconnu.

Il y aurait moyen de concevoir les choses autrement et d'établir une différence effective entre l'Être et l'étant en faisant de l'Être le fondement du monde (*Weltgrund*) ou Dieu, et de l'étant un terme dépendant de l'Être, comme le créé du créateur. En séparant ainsi le fondement des étants d'avec ces étants eux-mêmes, nous pourrions nous donner une double

---

1. *Cf.* J.-P. Sartre, *L'existentialisme est un humanisme*, Paris, Gallimard, 1996.

2. Cf. *Über den Humanismus*, Frankfurt-am-Main, V. Klostermann, 1949, (Désormais cité *ÜH*) p. 26 ; « Lettre sur l'humanisme », trad. R. Munier, dans *Questions III et IV*, Paris, Gallimard, 1990, (Désormais cité *LH*), p. 92 : « Si l'on pense à partir de Sein und Zeit, il faudrait plutôt dire : Précisément nous somme sur un plan où il y a principalement l'Être. Mais d'où vient le plan et qu'est-ce que le plan ? L'Être et le plan se confondent. »

relation, qui nous relierait à ce fondement d'une part et à ce qu'il fonde d'autre part.

Mais Heidegger se prononce contre cette interprétation. Il écrit dans la lettre à Beaufret : « L'"Être" ce n'est pas Dieu et ce n'est pas non plus un fondement du monde »[1].

Nous voici donc dans une impasse, ce qui nous montre que notre interprétation des deux catégories de relations est erronée, qu'elle ne correspond pas à la conception heideggerienne.

Il ne s'agit pas, en effet, de deux relations séparées qui peuvent être opposées, mais d'une relation fondamentale (unique) qui contient en elle-même une diversité de relations et les rend possibles. Cette relation fondamentale est la relation de l'existence humaine à l'Être. C'est elle qu'il s'agit d'éclaircir. Elle diffère tellement de ce que l'on est convenu ordinairement d'appeler « relation » que l'on peut se demander dans quelle mesure il est encore possible d'utiliser ici ce vocable.

Pour que l'homme (en tant qu'existant) puisse exister, il doit se trouver dans l'éclaircie (*Lichtung*) que constitue l'Être lui-même. C'est l'Être qui donne au *Dasein* la zone dévoilée, dont nous avons parlé plus haut, parce que le *Dasein* se trouve d'emblée plongé dans l'Être, dont l'essence est d'être éclaircie. Exister c'est donc être le porteur de l'ouverture de l'Être. La manière dont cette ouverture se révèle ne dépend pas en premier lieu du *Dasein*, mais de l'Être lui-même[2].

Dans la lettre à Beaufret, il écrit encore : « …l'homme (est) de telle manière qu'il est le "*Da*", c'est-à-dire l'éclaircie de l'Être »[3]. Le « *Da* » a ici un sens plus profond que celui dont nous avions parlé à propos de l'ouverture de l'homme

1. *ÜH*, p 23, *Das « Sein » - das ist nicht Gott und nicht ein Weltgrund; LH*, p. 88.
2. *ÜH*, p. 29 ; *LH*, p. 96.
3. *ÜH*, p. 17 ; *LH*, p. 81.

sur les étants. Ce dernier sens ne devient compréhensible que
sur la base du sens originel, qui définit l'homme en fonction
de sa dépendance à l'égard de l'Être. Il nous paraît que
l'évolution de la pensée heideggerienne comporte la mise en
lumière de cette dépendance. Si, dans *Sein und Zeit*, il partait
de l'analytique du *Dasein* pour arriver à la vérité de l'Être,
on peut dire que dans ses écrits ultérieurs il part de l'Être pour
aboutir à une interprétation de l'homme dans laquelle celui-ci
est présenté comme celui qui doit garder la vérité de l'Être,
et que Heidegger appelle « le berger de l'Être »[1]. La situation
historique de l'homme se fonde sur la manière dont il opère
cette saisie, dont il remplit ce rôle de gardien. C'est ce
qu'indique clairement le passage suivant :

> Freilich beruht die Wesenshoheit des Menschen niht darin,
> dass er die Subsanz des Seienden als dessen « Subjekt » ist,
> um als Machthaber des Seins das Seiendsein des Seienden
> in der allzulaut gerühmten « Objektivität » zergehen zu
> lassen.
> *Der Mensch ist vielmehr vom Sein selbst in die Wahrheit
> des Seins « geworfen », dass er, dergestalt ek-sistierend, die
> Wahrheit des Seins hüte*, damit im Lichte des Seins das
> Seiende als das Seiende, das es ist, erscheine. Ob es und wie
> es erscheint, ob und wie der Gott und die Götter, die
> Geschichte und die Natur in die Lichtung des Seins
> hereinkommen, an- und abwesen, entscheidet nicht der
> Mensch. *Die Ankunft des Seienden beruht im Geschik des
> Seins*[2].

---

1. *ÜH*, p. 23 ; *LH*, p. 88.
2. *ÜH*, p. 22-23 ; *LH*, p. 87-88 : « La grandeur essentielle de l'homme
ne repose assurément pas en ce qu'il est la substance de l'étant comme "sujet"
de celui-ci, pour dissoudre dans la trop célèbre "objectivité", en tant que
dépositaire de la puissance de l'Être, l'être-étant de l'étant. L'homme est bien
plutôt "jeté" par l'Être lui-même dans la vérité de l'Être, afin qu'ek-sistant
de la sorte il veille sur la vérité de l'Être, pour qu'en la lumière de l'Être,

L'homme est donc essentiellement caractérisé par sa proximité vis-à-vis de l'Être. C'est cette position dans l'Être qui lui confère sa dignité historique. Si Heidegger évite de caractériser l'homme comme « sujet », comme « animal rationale », comme « esprit », etc., c'est qu'il veut saisir son essence à partir de ce qu'il y a de plus essentiel pour l'homme, c'est-à-dire l'Être. Dire que l'homme est *Da-sein*, c'est donc dire – selon cet approfondissement de l'interprétation – que l'homme est l'étant à qui il est donné, par l'Être, de se trouver dans l'ouverture de l'Être[1]. Grâce à cette position unique, il peut être touché par la présence des étants qui se manifestent à lui, plus précisément des étants qu'il dévoile dans la zone dévoilée qui lui a été donnée par l'Être.

L'exposé qui précède dépasse, à strictement parler, le contenu de *Sein und Zeit*, mais il est fondé sur les écrits ultérieurs de Heidegger, qui se trouvent dans la voie ouverte par ce travail capital.

Ces développements ont un rapport étroit avec le problème de l'être-avec : il était nécessaire, en effet, pour dégager la signification de l'être-avec, de s'interroger sur la nature du *Dasein* qui assume l'être-avec.

Dans l'expression « être-avec », le terme « avec » indique une communauté. Pour que je puisse être avec quelqu'un, il faut qu'il existe une certaine communauté entre lui et moi. C'est ce que nous avons en commun qui nous lie ensemble. On est porté d'habitude à concevoir la communauté comme

---

l'étant apparaisse comme l'étant qu'il est. Quant à savoir si l'étant apparaît et comment il apparaît, si le dieu et les dieux, l'histoire et la nature entrent dans l'éclaircie de l'Être et comment ils y entrent, s'ils sont présents ou absents et en quelle manière, l'homme n'en décide pas. *La venue de l'étant repose dans le destin de l'Être.* » (souligné par nous)

1. Cf. *EV*, où nous avons essayé de rendre le sens du mot *Offenständigkeit* en utilisant le terme *aspérité*.

une communauté dans l'espace : celui qui occupe la position la plus proche de la mienne est avec moi. Mais cette interprétation est erronée. Elle provient d'une transposition indue de concepts valables seulement pour les choses. Les choses qui sont situées les unes à côté des autres forment d'habitude un certain ensemble, mais il n'est guère indiqué d'appeler un tel ensemble une communauté, car la vraie communauté n'a rien à voir avec l'espace. Mon ami qui se trouve en Sibérie, et dont je ne reçois que de rares nouvelles, reste tout de même mon ami, tandis que les gens que je rencontre dans le tramway me restent relativement étrangers.

Il existe une autre conception de la communauté (de l'être-avec) selon laquelle le fondement de l'être en commun est une communauté de nature. Cette conception est défendable, mais elle demanderait à être précisée : il faut savoir, en effet, de quel type de nature il s'agit. Deux pierres, par exemple, bien qu'ayant la même nature, et occupant des positions contiguës, ne réalisent tout de même pas un être-avec.

Pour essayer de saisir la caractéristique profonde de l'« être-avec », il nous faut partir de l'analyse d'un exemple concret. Qu'il nous soit cependant permis, auparavant, une remarque adressée par Sartre à Heidegger dans *l'Être et le Néant*[1]. Sartre affirme que Heidegger ne peut pas passer du plan ontologique au plan ontique (concret). Cette objection provient d'une méprise sur le sens accordé par Heidegger au terme « ontologique ». Le plan ontologique n'est nullement un plan tout à fait séparé de l'ontique, c'est le plan qui comprend les structures essentielles du réel (ontique) concret (mot que Heidegger évite d'ailleurs soigneusement, parce qu'il évoque tout de suite son contraire, l'abstrait, et que cette opposition lui paraît arbitraire et fausse). Soit, par exemple,

---

1. Cf. *L'Être et le Néant*, Paris, Gallimard, 1943, p. 283 *sq.*

le passage suivant de « *Sein und Zeit* » : « Le caractère distinctif, ontique, du *Dasein* consiste (dans le fait) qu'il est ontologique »[1]. Ce texte devient évidemment tout à fait incompréhensible dès que l'on sépare l'immanent du transcendantal, le concret de l'abstrait. Ontologique signifie, chez Heidegger : capable de comprendre l'être (ειναι), aussi bien l'Être comme tel, que l'être des étants, humains et non-humains. Dans la compréhension ontologique d'un être, nous essayons de saisir la structure qui rend possible cet être. Dans la mesure où cette compréhension n'est pas encore explicite, Heidegger la nomme pré-ontologique, afin de la distinguer de la compréhension proprement ontologique, caractéristique de l'ontologie, où se trouve posée la question du sens de l'Être. Pour distinguer cette ontologie de l'ontologie métaphysique traditionnelle, il l'appelle ontologie fondamentale[2].

Les deux plans – si cette expression est permise – tiennent nécessairement ensemble, l'ontologique n'est ontologique que dans la mesure où il se réfère à une existence ontique (ce que Sartre appelle le concret). C'est ce que Heidegger écrit explicitement : « L'analytique existentiale (à savoir la recherche ontologique de l'être du *Dasein*) est en fin de compte enracinée dans l'existentiel, c'est-à-dire dans l'ontique »[3].

---

1. *S. u. Z.*, p. 12 ; *ET*, p. 36.
2. Cf. *Le retour au fondement de la métaphysique*, dans *QM*, p. 39 : « Toute métaphysique dit de l'étant ce qu'il est en tant qu'étant. Toute métaphysique, en tant qu'énonciation de l'étant est donc un *logos* de l'*on* : ontologie. Mais quand la question vise le fondement de la métaphysique, c'est à dire le fondement de toute ontologie, une telle quête qui recherche le fondement de l'ontologie pourrait s'appeler ontologie fondamentale. » [Dans l'édition utilisée par l'auteur, Rovan ajoute une note très juste : « Fondamentalontologie, ontologie des fondements plutôt qu'ontologie fondamentale ». Cf. *Qu'est ce que la Métaphysique?*, 5e éd., p. 17-18.]
3. *S. u. Z.*, p. 13 ; *ET*, p. 38.

Dans la recherche ontologique de l'existence, nous essayons de rendre manifeste ce qui détermine l'existence ontique (concrète). Les structures fondamentales du *Dasein*, par exemple, ne sont pas des structures abstraites, inventées, construites, mais des éléments qui se retrouvent nécessairement dans chaque *Dasein* concret. Si nous voulons contester le bien-fondé de l'analyse heideggerienne du *Dasein*, nous ne pourrons donc le faire en déclarant impossible le passage du plan ontologique au plan ontique : en fait, Heidegger part de l'ontique, et l'ontologique n'est rien d'autre qu'une explication de ce qui est enveloppé dans l'ontique, autrement dit, de la racine de sa possibilité. Il nous faudrait donc prouver que l'élément présenté comme structure fondamentale n'en est pas une. Sartre fait de l'ontologique et de l'ontique deux plans séparés, conformément à la métaphysique traditionnelle qui sépare le sensible du suprasensible, le « *Diesseits* » du « *Jenseits* » ; il méconnaît l'intention heideggerienne de dépasser la métaphysique traditionnelle et d'abandonner ses séparations et ses démarcations. C'est donc à notre avis une erreur de dire que le plan ontologique est un plan abstrait. Cette distinction perd ici tout son sens, puisque l'ontologique est précisément ce qui rend possible le « concret », il ne peut donc lui être opposé. Ce serait également interpréter faussement la pensée de Heidegger que de la ramener à Kant et à sa problématique de l'*a priori*.

Pour Sartre, la différence entre *Husserl* et *Hegel* d'une part et Heidegger d'autre part se ramènerait à ceci : pour les premiers, l'être en commun serait considéré comme opposition, comme « être-pour », tandis que pour Heidegger il s'agirait plutôt de solidarité, d'équipe, d'être-avec. « L'image qui symboliserait le mieux l'intuition heideggerienne n'est pas celle de la lutte, c'est celle de l'*équipe*. Le rapport original de l'autre avec ma conscience... c'est la sourde existence en commun du coéquipier avec son équipage... »[1].

Mais la différence entre Hegel et Heidegger ne concerne pas la façon de concevoir les « types » de l'être en commun, mais plutôt la structure fondamentale de celui-ci, condition de sa possibilité. Heidegger ne pose pas le problème de savoir quelles sont les formes typiques de l'être-en-commun (par exemple l'opposition ou la solidarité). Il se demande quelle est la structure qui rend possible les différentes formes de l'être-en-commun, aussi bien la haine que l'amour, l'opposition ou l'indifférence que la solidarité. Heidegger montre justement comment chaque rapport avec autrui présuppose déjà l'*être-avec*. Le terme « être-avec » ne veut pas dire : être d'accord avec autrui, former avec lui une équipe, il signifie seulement que l'homme dès qu'il existe, vit dans une certaine ouverture, dans laquelle autrui lui devient manifeste, dans laquelle il est englobé. Grâce à cette ouverture peuvent alors se former les différents types de la coexistence, parmi lesquels, bien entendue, se retrouvera celui de l'équipe. C'est cependant une erreur d'identifier une forme déterminée de l'existence en commun avec ce qui la rend possible.

C'est erroné de prétendre que la conception heideggerienne de l'existence en commun rend impossible l'existence en commun concrète. Ce que Heidegger essaie de mettre en évidence, ce sont précisément les structures de l'existence en commun concrète. Dès que l'on a compris la nature de la relation qui unit l'ontologique à l'ontique, et leur foncière irresponsabilité, le problème de leur réunion ne se pose évidemment plus puisqu'il est radicalement impossible de les désunir.

---

1. Cf. *L'Être et le Néant*, op. cit., p. 285.

Revenons, après cette mise au point, à notre analyse d'être-avec et essayons de comprendre en usant d'un exemple emprunté à la vie quotidienne, à la vie « concrète ». Je suis dans une exposition de tableaux, je regarde un portrait expressif. Un autre visiteur survient, il regarde la même toile et il est également touché par sa force d'évocation. Sur lui comme sur moi le tableau opère un même effet. Cette identité des impressions ressenties nous met en contact, forme entre nous une sorte de lien, qui peut devenir la base d'une communauté, d'un être-avec. Que s'est-il passé ? Nous regardons le tableau ensemble (l'un avec l'autre). Autrui est entré dans la zone qui m'est dévoilée. Le même étant, c'est-à-dire le tableau, est devenu manifeste aussi pour l'autre. Je partage donc avec lui ce qui m'est devenu manifeste dans mon monde, et ainsi, en somme, ce monde lui-même. Le partage du « monde », c'est cela qui constitue notre être-avec. Grâce à ce partage, nous avons quelque chose en commun – le monde. C'est sur la base de cette possession commune que se développera notre communauté, sous les différentes formes de l'être-avec, qui s'étendent depuis l'amour et l'appréciation réciproque, jusqu'à l'indifférence et à la haine.

Heidegger, nous l'avons vu, remarque que, dans la vie quotidienne, l'étant-ustensile que nous rencontrons renvoie toujours à autrui, à un autre *Dasein*, qui soutient un certain rapport avec l'ustensile, soit qu'il l'ait fabriqué, soit qu'il l'emploie. Au fond, il n'y a jamais de *Dasein* complètement isolé. Dès qu'un *Dasein* découvre le « monde », il a déjà co-découvert les autres qui coexistent avec lui, qui sont ouverts aux étants de la même manière et qui, par conséquent, entrent en relation réciproque en tant qu'ils partagent un même monde. Heidegger dit :

> Le monde du *Dasein* permet la rencontre d'un étant qui n'est pas seulement différent des ustensiles et des choses en général, mais qui, conformément à sa modalité d'être comme *Dasein*, est lui-même, à la façon de l'être-dans-le-monde, « dans » le monde, où il peut être rencontré parce qu'inhérent à ce mode. Cet étant n'est pas simplement donné ni sous-la-main, mais il est du type du *Dasein* qui libère les étants –, il coexiste [1].

Et il continue plus loin :

> Sur la base de cet être-dans-le-monde qui ne m'appartient pas à moi seul, le monde est d'emblée ce que je partage avec les autres. Le monde du *Dasein* est un monde en commun. L'être-dans est *être-avec* les autres. Leur en-soi intramondain est la co-existence [2].

Heidegger a donc deux termes pour caractériser l'*être-avec*, le *Mitsein* et le *Mitdasein*. Le *Mitsein* désigne mon *être avec autrui*. Autrui, de son côté, est pour moi *mit-da*, ce que nous traduisons par l'expression : il coexiste avec moi. La manière d'être d'autrui, de mon point de vue, est la *co-existence* (*Mit-dasein*). Le terme *Mitsein* se réfère donc à moi-même, le terme *Mit-dasein* aux autres, qui sont avec moi. Je peux les découvrir comme coexistants parce que je suis moi-même *être-avec*, c'est-à-dire ouvert aux autres en partageant avec eux mon ouverture sur les étants.

Nous pouvons donc dire que l'être-avec présuppose une égalité de nature ; mais si cette égalité rend la coexistence possible, c'est uniquement parce qu'il s'agit d'étants ouverts par leur nature à ce qui se manifeste à eux, et capables ainsi de partager le monde qui leur est commun.

---

1. *S. u. Z.*, p. 118 ; *ET*, p. 160.
2. *Ibid.*

L'erreur fondamentale de la philosophie moderne, selon Heidegger, c'est qu'elle a limité trop étroitement le « sujet » humain. Elle constitue d'abord un « sujet pur », elle s'efforce d'ajouter ultérieurement le « monde » et les « autres ». Mais tous ces essais d'une constitution ultérieure du « monde » et des « co-sujets » restent arbitraires, suspendus dans le vide. Guidée par le souci de ne rien présupposer en ce qui concerne l'essence du sujet, la philosophie moderne n'arrive pas à saisir le *Dasein* dans sa complexité, c'est-à-dire comme un *Dasein* qui est toujours déjà dans-le-monde et en même temps ouvert aux autres, qu'il rencontre et qui co-existent avec lui. C'est cette erreur fatale que Heidegger veut éviter. Il s'efforce de dépasser le point de vue habituel qui réduit le monde à une somme d'étants et d'atteindre à une compréhension plus profonde de la notion de monde : c'est dans ce but qu'il part du *Dasein* comme être-dans-le-monde.

Le comportement des hommes entre eux relève de ce que Heidegger appelle : la *sollicitude (Fürsorge)*. Ce terme désigne un existential ; il englobe toutes les modalités du comportement envers autruit et ne se limite nullement à celles que l'on désigne ordinairement par le mot « sollicitude »[1]. Ne pas se soucier d'autrui, le négliger, ou même agir contre lui, ce sont là des formes négatives de la sollicitude, qui, comme telles, appartiennent encore à celle-ci[2].

Par l'être-avec, l'existence d'autrui nous est révélée (*erschlossen*). Ce dévoilement d'autrui est un élément co-constituant de la *Bedeutsamkeit*, c'est-à-dire de la mondanéité du monde[3]. C'est pourquoi nous ne pouvons isoler un monde d'objets qui nous serait donné d'abord et

---

1. Nous empruntons le terme employé par De Waelhens, *La philosophie de Martin Heidegger, op. cit.*, p. 69.

2. *S. u. Z.*, p. 121 ; *ET*, p. 163.

3. *S. u. Z.*, p. 123 ; *ET*, p. 166.

auquel viendrait s'ajouter ultérieurement un monde des sujets : le monde nous est donné d'emblée avec autrui, l'existence d'autrui est co-présente avec les ustensiles que nous rencontrons.

C'est ainsi que Heidegger écrit : « La structure de la mondanéité du monde est telle que les autres ne soient pas d'abord présents comme des sujets isolés, simplement donnés, à côté d'autres objets, mais qu'ils se montrent dans leur... être-dans-le-monde à partir des étants-sous-la-main qui appartiennent à ce monde »[1].

Le *Dasein* est originellement avec autrui ; il n'est donc pas question de faire dépendre sa constitution d'une déduction au sein de l'*Einfühlung*.

La relation du *Dasein* avec autrui est – comme nous venons de le dire – caractérisée par la sollicitude. Le terme allemand (*Fürsorge*) contient la racine *Sorge* (souci) que nous avons rencontrée aussi dans le mot *Be-sorgen* qui désigne la relation du *Dasein* aux étants-sous-la-main, c'est-à-dire la préoccupation. La vue propre à la préoccupation est la circonspection (*Umsicht*). La sollicitude, également, s'accompagne d'une vue spécifique, c'est le *respect* (*Rücksicht*). Il faut entendre ce mot dans son sens latin originel de *respectus*, où l'on trouve le terme *spectare*.

Avant de terminer cette brève analyse de l'*être-avec*, nous devons traiter d'un problème dont nous n'avons pas encore parlé, celui de la solitude. Le phénomène de la solitude ne contredit-il pas notre thèse sur l'être-avec ?

Mais qu'est-ce, au fond, que la solitude ? La solitude établit un certain état de séparation à l'égard des autres. La solitude n'est donc pas possible sans une certaine compréhension des autres. Le fait de s'isoler suppose déjà l'existence d'autrui,

---

1. *Ibid.*

par rapport auquel on s'isole. Même dans l'isolement, en conséquent, nous retrouvons une certaine relation à autrui, la solitude n'est jamais possible sans un être-avec préalable. Elle est en somme une forme négative de l'être-avec : elle réalise un certain comportement vis-à-vis d'autrui qui ne serait pas possible en l'absence d'une ouverture à son égard. Si le *Dasein* n'était pas être-avec, il ne pourrait s'isoler. Heidegger écrit : « Le manque et l'« absence » (d'autrui) sont des modalités de la co-existence et si elles sont possibles, c'est uniquement parce que le *Dasein*, comme être-avec, permet la rencontre de l'existence des autres dans son monde »[1].

Il nous faut maintenant analyser la structure de l'être-dans-le-monde en mettant en lumière les existentiaux du *Dasein*, la *disposition* (affective) (*Befindlichkeit*) et la *compréhension* (*Verstehen*), nous passerons ensuite à l'étude de la modalité de l'existence qui caractérise la vie quotidienne de l'homme, l'*être-déchu*.

LA DISPOSITION (AFFECTIVE)[2]

Il s'agit d'examiner ce que Heidegger entend par les termes *Befindlichkeit* et *Stimmung*, d'analyser le phénomène qu'ils désignent et de montrer le rôle que joue ce phénomène dans l'analytique existentiale[3].

Nous traduisons les deux termes par *disposition* (affective). La proposition « je suis bien disposé » exprime une certaine *Stimmung* ; mais elle comporte en même temps un autre sens, celui qu'exprime le mot *Befindlichkeit* ; tout « sentiment »,

1. *S. u. Z.*, p. 121 ; *ET*, p. 163.
2. *S. u. Z.*, § 29-30.
3. *Cf.* De Waelhens, *La philosophie de Martin Heidegger*, *op. cit.*, chap. V.

en effet, est éclairant, il révèle le *Dasein* à lui-même, en lui dévoilant ce qu'il est, quelle est sa position dans le monde, et en particulier sa situation envers autrui [1].

Quoi que nous fassions, que nous travaillions, que nous nous promenions, que nous attendions un ami, que nous nous ennuyions, nous sommes toujours « disposés » d'une certaine manière. Dans la langue de Heidegger, les termes *Befindlichkeit* et *Stimmung* désignent ce phénomène que la psychologie traditionnelle désigne par le mot « sentiment » (*Gefühl*). Mais Heidegger refuse d'utiliser ce dernier pour deux raisons. La première, c'est qu'il évoque invinciblement la classification rigide qui oppose dans l'homme l'âme à l'esprit : cette façon introduit une dualité dans ce qui est unité et, de plus, elle n'accorde aux éléments affectifs (âme) qu'un rôle secondaire, subordonné tout entier à l'absolu de la *ratio*. L'importance de nos « dispositions » lui échappe. En second lieu, après avoir introduit ces catégories, on n'explique pas ce qu'il convient d'entendre par esprit, âme ou vie [2]. Cette interprétation conduit, de plus, à isoler l'homme, en tant que « sujet », du « monde ».

C'est complètement méconnaître la nature de la relation qui existe entre l'homme et les étants (objets et co-existants) que de faire du « sentiment » quelque chose de « purement subjectif » qui se trouverait à l'intérieur, et qui, en même temps, s'opposerait aux étants extérieurs, doués d'une subsistance « objective ».

Par le terme *disposition* « affective » nous désignons donc ce caractère spécifique de l'homme d'être toujours d'une certaine manière éclairé sur sa propre position au milieu des

---

1. *Cf.* aussi *EV*, chap. V. (Le terme « *Stimmunge* » a été traduit par accord affectif.) Dans un travail ultérieur nous essayerons de mettre en lumière la façon dont la signification de ce terme a évolué dans la pensée de Heidegger.

2. *Ibid.*, p. 89-90.

étants auxquels il est ouvert. Grâce à cette disposition, l'homme se rend originellement compte de sa situation dans le monde. Ou, comme l'écrit Heidegger dans le travail qui vient d'être cité : « Tout comportement de l'homme historique, qu'il le sente expressément ou non, qu'il le comprenne ou non, est accordé, et, par cet accord, porté dans l'étant en totalité »[1].

Il serait difficile de nier que la disposition ne soit un phénomène primordial qui caractérise notre vie ; chacun l'éprouve à chaque instant, mais cela ne nous dispense pas de rechercher quelle est sa structure ontologique, ce qui détermine chaque disposition comme telle, ce que l'on pourrait appeler la « *dispositionalité* ». Cette entreprise n'est pas très facile, parce que notre connaissance ne rejoint pas aisément le domaine originel de la disposition. Dans l'ennui, par exemple, le *Dasein* est dégoûté de lui-même, son propre être lui apparaît comme un fardeau, sans arriver à savoir pourquoi. « D'ailleurs – nous dit Heidegger – le *Dasein* ne peut le savoir, parce que les possibilités révélatrices de la connaissance ont une portée beaucoup trop restreinte par rapport à la révélation originelle apportée par les dispositions, dans lesquelles le *Dasein* est transporté devant son être comme *Da* »[2].

La disposition éclaire donc l'homme sur sa position au milieu des étants ; mais cet éclaircissement comporte différents éléments. D'abord, l'homme se rend compte de sa propre existence, plus exactement il se rend compte qu'*il existe*. Sans le vouloir, sans que son existence soit le résultat d'un acte librement choisi, il existe, son existence lui apparaît comme un « être-jeté ». Il se révèle à lui-même comme jeté parmi les étants. Heidegger désigne ce caractère du *Dasein* par le terme *Geworfenheit* (*être-jeté*). Mais dans la disposition l'homme

---

1. *Vom Wesen der Wahrheit*, p. 19 ; *EV*, p. 181.
2. *S. u. Z.*, p. 134 ; *ET*, p. 178.

ne se rend pas seulement compte *qu'il est*, mais en même temps *qu'il doit être*, qu'il doit assumer son existence comme une tâche à réaliser. Il n'est pas jeté parmi les étants comme une pierre ou comme un arbre, sa factilité n'est pas la facticité d'un *factum brutum*, mais elle implique la réalisation de son existence [1].

Le fait d'être disposé de telle ou telle manière dépendra toujours des modalités d'engagements assumées par le *Dasein*. À notre avis, tout le problème du remords ou de la « tranquillité de conscience » est un problème de disposition affective. Dès qu'on s'aperçoit quel est le rôle de la disposition (affective), on se rend compte aisément qu'elle ne constitue pas simplement un phénomène secondaire qui pourrait être négligé, mais un des problèmes les plus essentiels dans l'étude de la nature de l'homme. La disposition est un jugement implicite continuel, porté sur notre auto-réalisation (il ne s'agit nullement d'un jugement logique sur notre comportement). Grâce à la disposition, le *Dasein* se révèle à lui-même d'une manière plus originelle que ne le permet la réflexion théorique. Mais si le *Dasein* est essentiellement être-dans-le-monde, la disposition doit lui révéler non pas seulement son être-jeté, mais aussi le monde et l'existence des autres. C'est ainsi que Heidegger écrit : « La disposition ne se réfère pas d'abord à un élément psychique, elle n'est pas un état intérieur, qui, d'une manière mystérieuse, parviendrait à surgir au dehors [du sujet] et à colorer les objets et les personnes. La disposition est une modalité existentiale fondamentale de la révélation simultanée du monde, de la coexistence [des autres] et de l'existence [du *Dasein*], parce que celle-ci (*sc.* L'existence du *Dasein*) est essentiellement dans-le-monde ». Et plus loin,

---

1. *S. u. Z.*, p. 135 ; *ET*, p. 179.

il écrit : « L'accord affectif de la disposition constitue existentialement l'ouverture du *Dasein* sur le monde »[1].

Dans ses écrits ultérieurs, Heidegger insiste surtout sur l'aspect révélateur de la disposition en relation avec l'étant en totalité. Cet aspect n'est pas ignoré dans *Sein und Zeit*, mais il n'y apparaît pas au premier plan comme dans la suite[2].

En expliquant l'être-dans-le-monde du *Dasein* quotidien, nous avons dit que c'est sur le fond du monde (au sens du complexe référentiel), révélé préalablement, que surgit l'étant intramondain ; c'est parce que le monde lui est donné préalablement que le *Dasein* peut rencontrer l'étant intramondain. Or cette révélation préalable du monde est co-constituée par la disposition affective. C'est ce qu'un exemple va nous permettre d'apercevoir.

Pour pouvoir être frappé par le caractère dangereux et menaçant d'un événement, le *Dasein* doit se trouver dans la disposition de la peur. C'est parce qu'il est essentiellement déterminé par la « dispositionalité » que son monde peut lui révéler des étants agréables, détestables, menaçants, etc. Le *Dasein*, c'est trop clair, ne peut être affecté par le caractère menaçant d'un événement, que s'il peut se trouver dans la disposition de la peur. Ceci nous fait mieux comprendre cette phrase de Heidegger : « *Die Gestimmtheit der Befindlichkeit konstituiert existenzial die Weltoffenheit des Daseins* »[3]. La dispositionalité du *Dasein* rend possible son ouverture vis-à-vis des étants intra-mondains ; ce qui veut dire qu'il rend possibles les multiples caractères des étants qui se manifestent au sein de ce monde.

---

1. *S. u. Z.*, p. 137 ; *ET*, p. 181.
2. Cf. *EV* et la « Postface » de *WM* (4ᵉ et 5ᵉ édition) ; *QM*.
3. *S. u. Z.*, p. 137 ; *ET*, p. 182 : « L'être d'humeur de la disposibilité constitue existentialement l'ouverture du *Dasein* au monde. »

On parle d'habitude de l'affection des « sens » en l'expliquant par la « pression » exercée sur les organes doués de sensibilité. Mais aucune « pression » ne pourrait affecter nos sens, si celui qui la ressent n'était déterminé par la disposition, ouvert par là-même aux choses et rendu ainsi capable d'être touché par elles. Par la dispositionalité comme telle, l'homme est renvoyé aux étants qui peuvent l'affecter [1].

C'est donc la disposition qui découvre originellement les étants intramondains. Si le *Dasein* était une monade isolée, la disposition n'aurait pas de sens. Dans la disposition, et grâce à elle, l'homme se livre d'une certaine manière aux étants. Il peut ainsi s'oublier et se comprendre à partir de ce qui n'est pas sa propre existence authentique ; il peut tomber dans une existence déchue. Mais avant d'expliquer cette modalité d'être du *Dasein*, il nous faut caractériser brièvement son deuxième moment structurel fondamental : la compréhension.

LA COMPRÉHENSION [2]

Le deuxième existential du *Dasein*, c'est-à-dire son deuxième moment structurel essentiel, c'est la compréhension (*Verstehen*). Jusqu'ici nous avons décrit le *Dasein* comme un étant dont l'être est caractérisé par la *disposition*, plus exactement par la possibilité existentielle de pouvoir être disposé (dispositionalité). Il s'agit maintenant de montrer que le *Dasein* est aussi originellement *compréhension* ; que son être est aussi bien déterminé par la compréhension que par la disposition [3]. L'expression « est déterminé » doit être

1. *Ibid.*
2. Cf. *S. u. Z.*, § 31-33.
3. *S. u. Z.*, p. 142 ; *ET*, p. 187.

comprise en ce sens que le *Dasein* est lui-même cette détermination ; celle-ci ne lui vient pas du dehors, mais c'est l'être même du *Dasein* qui est à la fois disposition et compréhension.

Le terme « compréhension » ne désigne pas une certaine modalité de l'intellection ou de l'explication, mais bien ce qui rend possible toutes les modalités du comprendre. Heidegger n'a pas en vue seulement les modalités réflexives de la compréhension, mais toutes les formes du comprendre. Ainsi peut-il dire que, dans la disposition même, il y a toujours déjà une certaine compréhension et que inversement, toute forme de compréhension se présente toujours au sein d'une certaine disposition.

En étant dans le monde, le *Dasein* se trouve toujours avoir révélé d'une certaine façon le monde et son propre-être. Cette révélation est au fond une compréhension ; chaque modalité de la compréhension effectue une révélation, soit une révélation des étants, soit une révélation des autres (c'est-à-dire des co-existants), une révélation au *Dasein* de son propre être. Et dans chacun de ces trois types de révélation se trouvent toujours exercés plus ou moins explicitement les deux autres.

Le terme allemand de « *Verstehen* » doit être rapproché du terme *Vor-stehen*, *praestare*, comprendre quelque chose, se trouver devant une chose, au sens de : pouvoir la maîtriser. Pouvoir maîtriser quelque chose, c'est posséder un certain pouvoir-être. Quel est le pouvoir-être du *Dasein* qui s'exerce dans la compréhension ? Il ne s'agit pas d'un certain pouvoir limité mais de la possibilité essentielle de *pouvoir exister*[1]. « Le *Dasein* n'est pas un étant-simplement-donné qui a le don supplémentaire de pouvoir quelque chose, mais il est

---

1. *S. u. Z.*, p. 143 ; *ET*, p. 188.

originellement pouvoir-être » [1]. Le *Dasein* est ce qu'il peut être ; il est ses possibilités. Il faut distinguer la possibilité au sens de possibilité existentielle, de la possibilité logique de l'être-possible d'une chose. Celle-ci désigne une modalité d'être d'un objet qui n'est pas, mais qui, éventuellement, pourrait venir à l'existence. La possibilité prise en ce sens est moins importante que la réalité ou la nécessité. « La possibilité, comprise comme un existential, est au contraire la détermination ontologique ultime positive et [aussi] la plus originelle du *Dasein...* » [2].

Cette possibilité se réfère aux modalités de la préoccupation (*Besorgen*) et de la sollicitude (*Fürsorge*) vis-à-vis des autres et elle constitue en même temps la réalisation de soi-même (elle est en vue de soi-même) [3].

Que le *Dasein* soit, dans son essence, pouvoir-être, cela ne veut pas dire bien entendu, qu'il n'est pas réel, ni même qu'il est simplement possible, mais cela signifie plutôt que, en existant réellement, il est certaines possibilités et doit en négliger certaines autres. Il est toujours en train de choisir ses possibilités et par cette option même, il écarte d'autres possibilités. Le *Dasein* est essentiellement pouvoir-être. Le pouvoir-être lui est donné avec son existence, il est jeté dans son pouvoir-être [4]. Grâce à la compréhension, ses possibilités lui deviennent transparentes, et ainsi il peut les assumer, les réaliser au sens propre.

Toutes ces questions devraient évidemment faire l'objet d'une étude plus approfondie, nous ne pouvons en donner qu'un bref aperçu, car nous ne les avons abordées que dans

1. *Ibid.*
2. *S. u. Z.*, p. 143-144 ; *ET*, p. 188-189.
3. *S. u. Z.*, p. 143 ; *ET*, p. 188.
4. *S. u. Z.*, p. 144 ; *ET*, p. 189.

la mesure où elles touchent la problématique transcendantale du monde.

Comme nous l'avons vu, la compréhension, en tant que révélation constitutive du *Dasein*, révèle à la fois le monde, dans sa structure référentielle, et le *Dasein* lui-même. En révélant le « monde », la compréhension permet au *Dasein* de rencontrer l'étant intramondain dans ses possibilités : l'étant-sous-la-main est découvert comme étant qui *peut* servir à…, qui *peut* être employé pour… ou qui a pu être employé précédemment et n'est plus utilisable. Et le complexe référentiel des ustensiles tout entier nous apparaît à son tour comme une unité *possible* des étants. La « nature » elle-même est toujours découverte en vue d'une certaine possibilité. Peut-être – dit Heidegger – n'est-ce pas par hasard que Kant pose le problème de l'être de la nature en se demandant quelles sont les conditions qui rendent possible l'être de la nature. Mais Kant n'apporta pas une réponse pleinement satisfaisante au problème qu'il avait posé.

La compréhension se meut donc dans la dimension des possibilités : elle tend toujours à découvrir des possibilités. Heidegger explique ce caractère de la compréhension en disant qu'elle est elle-même *pro-jet* (*Entwurf*). Dans la compréhension, le *Dasein* se projette vers un *à quoi* final, mais en même temps, il se projette vers une *Bedeutsamkeit*, une structure mondaine. Le projet donne au *Dasein* le champ de son pouvoir-être[1]. La *Dasein* est jeté dans une modalité d'être qui est déterminé par le pro-jet. En se projetant, le *Dasein* est ses possibilités, il ne se borne pas à les imaginer simplement, et, en étant ses possibilités, il est ce qu'il devient.

Nous reviendrons sur le pro-jet et sa structure temporelle lorsque nous parlerons du temps et de la temporalité. Mais

---

1. *S. u. Z.*, p. 145 ; *ET*, p. 190.

nous pouvons, dès maintenant, évoquer l'interprétation plus profonde que Heidegger a donné du projet, après *Sein und Zeit* (dans la « Lettre à Beaufret ») et dans laquelle il explique le projet à partir de l'Être : « Dans le projet ekstatique, l'Être se révèle au *Dasein*. Mais ce pro-jet ne crée pas l'Être. Bien au contraire, le projet est essentiellement un projet jeté. Ce qui jette dans la pro-jection ce n'est pas l'homme, c'est l'Être lui-même, qui pose (*schickt*) l'homme dans l'ek-sistence du *Dasein* comme dans son essence »[1].

Dans l'existentialisme français, le pro-jet a été compris au sens d'un choix. Si l'on s'en tient à la partie publiée de *Sein und Zeit*, cette interprétation est justifiable ; on peut considérer, en effet, qu'elle est contenue implicitement dans l'analytique existentiale. Mais, après *Sein und Zeit*, Heidegger est revenu sur cette question de l'être du projet, et il en a donné l'interprétation que l'on vient d'indiquer. Dans cette perspective, le choix du *Dasein*, son choix fondamental, ne peut être absolument libre : il est toujours limité par l'ouverture qui s'établit dans l'ek-sistence et qui est, en définitive, l'œuvre de l'Être comme tel, dont l'homme n'est que l'exécutant.

Revenons à *Sein und Zeit*. Par la compréhension, le *Dasein* s'ouvre sur le « monde » et sur son être propre. Chacune des modalités de la compréhension engage l'être-dans-le-monde en totalité. La compréhension ainsi entendue est essentiellement une « *vue* » (*Sicht*)[2]. Le terme « vue » signifie simplement que dans et par la compréhension, l'étant est dévoilé dans *ce* qu'il est et *tel* qu'il est. Il ne fait évidemment pas allusion à une quelconque opération sensible. Selon la modalité dont est affectée l'existence, la vue spécifique qui caractérise le *Dasein* est ou bien la *circonspection* (c'est la vue du *Dasein*

1. *ÜH*, p. 29 ; *LH*, p. 96.
2. *S. u. Z.*, p. 146 ; *ET*, p. 191.

préoccupé), ou bien le *respect* (*Rücksicht*) (dans la relation avec autrui), ou bien la *transparence* (*Durchsichtigkeit*) (lorsqu'il s'agit de la relation du *Dasein* avec lui-même).

Si le *Dasein* se comprend lui-même à partir de ce qui n'est pas son être propre, la compréhension est appelée *impropre* (*uneigentlich*). Ce terme désigne surtout la compréhension que le *Dasein* peut prendre de lui-même à partir des étants dont il est préoccupé. Heidegger va s'efforcer, précisément, d'éliminer cette compréhension impropre et de saisir au contraire le *Dasein* dans sa relation à l'Être.

La compréhension et la disposition sont deux existentiaux possédant le même degré d'originalité. Comme il n'y a pas de *Dasein* sans disposition affective, il n'y a pas non plus de *Dasein* sans compréhension. La compréhension est toujours une compréhension « disposée », portée par une disposition, et inversement la disposition est toujours révélatrice, elle comporte donc toujours une certaine compréhension.

Dans son existence concrète, le *Dasein* se trouve nécessairement établi dans une certaine modalité de compréhension [1] : il ne peut exister concrètement sans se choisir par là même un type déterminé de compréhension.

L'ÊTRE-DÉCHU

Nous lisons dans *Sein und Zeit* : « Le terme (*sc.* Être-déchu) n'exprime pas un jugement de valeur moral, il doit indiquer que le *Dasein* est d'abord et d'habitude auprès du « monde » qui le préoccupe… Le *Dasein* est d'emblée déchu de lui-même en tant que pouvoir-être authentique ; sa chute l'a livré au "monde" » [2].

---

1. *S. u. Z.*, p. 146 ; *ET*, p. 191.
2. *S. u. Z.*, p. 175 ; *ET*, p. 223.

Heidegger met le terme « monde » entre guillemets : il veut exprimer par là que « monde » ne signifie pas ici la mondanéité du monde, mais bien ce que nous rencontrons au sein de la structure référentielle, c'est-à-dire l'étant intramondain qui se montre à nous dans notre préoccupation quotidienne et qui est d'habitude identifié avec le monde.

Le terme « être-déchu » contient deux idées. La première, c'est que le *Dasein* comprend son propre être à partir des étants qui lui sont présents (par exemple il se comprend comme une chose ayant une *substance* et des *qualités*) et la deuxième, c'est que le « monde » qui lui est présent est le « monde » de tout le monde, c'est-à-dire du *On*. Il ne saisit pas les étants de façon originelle, mais il les comprend d'une façon confuse, comme « on » les comprend. Le « monde » auquel le *Dasein* s'est abandonné dans l'être-déchu est un monde impersonnel et la compréhension par laquelle ce monde lui est donné est pareillement impersonnelle.

« Être-déchu, se livrer au « monde » signifie : se perdre dans l'*être-avec* pour autant que celui-ci est dominé par le bavardage, la curiosité et l'ambiguïté »[1].

Le bavardage, la curiosité et l'ambiguïté sont, pour Heidegger, les éléments constitutifs de l'ouverture de l'existence impropre et inauthentique. Dans cette existence, le *Dasein* manque son pouvoir-être originel et ne réalise pas son ipséité authentique (être-soi).

« Être-déchu » ne signifie pas cependant : ne pas être. Le *Dasein* déchu n'est pas amoindri dans son être du point de vue ontique, il n'existe pas moins réellement que le *Dasein* authentique. Mais il se réalise de façon impropre et, par là, il perd ce caractère d'être unique auquel tout homme aspire plus ou moins confusément. Dans une certaine mesure, chaque

1. *S. u. Z.*, p. 175; *ET*, p. 223.

homme doit passer par un tel état, chaque homme doit re-conquérir son existence propre ou son ipséité authentique à partir de cet état d'être-déchu. L'homme devient un être-soi en dépassant l'existence impersonnelle qui ne cesse pas de se présenter à lui comme une possibilité tentatrice.

Nous pourrions décrire l'être-déchu en insistant sur l'image de la chute, de la façon suivante : le *Dasein* tombe, en perdant son être propre, il tombe perpétuellement vers le « monde » quotidien ; en s'identifiant avec ce « monde », son existence devient aussi impersonnelle que le « monde » lui-même. Ce qu'il perd dans cette chute, c'est son authenticité. Il ne perd pas son existence comme telle (ce qui se produit dans la mort), mais la forme de son existence se trouve modifiée. Ainsi Heidegger peut-il écrire : « *Das Dasein stürzt aus ihm selbst in es selbst, in die Bodenlosigkeit und Nichtigkeit der uneigentlichen Alltäglichkeit. Dieser Sturz aber bleibt ihm durch die öffentliche Ausgelegtheit verborgen, so zwar, dass er ausgelegt wird als "Aufstieg" und "konkretes Leben"* »[1].

Le *Dasein* déchu ne se rend pas compte lui-même de cette chute, il l'interprète au contraire comme une ascension à une vie « concrète ». Et ce qui justifie cette impression dans une certaine mesure, c'est qu'il se sent rassuré par l'opinion commune. Celle-ci le défend contre l'inquiétude que pourraient engendrer en lui les différentes questions qui s'imposent nécessairement à toute existence. Elle lui donne une réponse avant que le *Dasein* ait eu le temps d'être troublé. Un des

---

1. *S. u. Z.*, p. 178 ; *ET*, p. 226 : « Le *Dasein* chute en lui-même à partir de lui-même, il plonge dans le vide et l'inanité de la quotidienneté impropre. Mais cette chute, du fait de l'état d'explicitation publique, lui reste cachée, elle va même jusqu'à être explicitée comme "ascension" et comme "vie concrète". »

caractères typiques du *Dasein* déchu, c'est précisément la *quiétude* (*Beruhigung*) [1].

Un autre caractère que nous retrouvons généralement dans l'existence déchue et qui, à première vue, paraît incompatible avec le premier, c'est une certaine agitation qui la domine. Quoique rassuré par la compréhension inauthentique qui met l'existence déchue à l'abri d'une véritable problématique, le *Dasein* tend à s'adonner avec une agitation sans bornes. On pourrait expliquer ce phénomène par le fait que le *Dasein* « au fond de son âme », n'est pas satisfait de la quiétude dans laquelle il se trouve. Il veut avoir une existence assurée, mais en même temps « vivre », s'insérer dans des événements qui lui feront oublier son vide. Il veut se réaliser d'une certaine manière, il ne peut échapper à cette exigence fondamentale, et il croit trouver son ipséité dans l'illusion d'une agitation perpétuelle, qui, en vérité, n'est autre chose qu'une tentative par laquelle il essaye de se tromper sur son véritable état. Il reste aveugle au fait « que la compréhension est elle-même un pouvoir-être qui ne peut se développer que dans une existence entièrement *propre* (authentique) » [2].

Dans l'agitation, le *Dasein* est aliéné par rapport à sa destination propre, à son pouvoir-être authentique.

À côté de la *quiétude* et de l'*aliénation* qui déterminent simultanément l'*être-déchu*, il nous faut parler explicitement du caractère de *tentation* qui affecte le *Dasein* ; nous l'avons déjà évoqué plus haut.

Heidegger décrit ce caractère en disant que le *Dasein* contient en lui-même la tentation de tomber dans le *bavardage*, qu'il parle de tout sans avoir rien à dire, et dans la *curiosité*, qui s'intéresse à tout mais sans entrer en contact véritable

---

1. *S. u. Z.*, p. 177 ; *ET*, p. 224-225.
2. *S. u. Z.*, p. 178 ; *ET*, p. 226.

avec quoi que ce soit. Heidegger accorde même à ce caractère la primauté sur les autres déterminations de l'existence déchue : c'est grâce à lui, en effet, que le *Dasein* peut arriver à l'existence déchue : il est tenté par les possibilités les plus « faciles ».

Être-tenté par l'existence facile du « on », exister dans la quiétude et l'aliénation de l'agitation – tout cela contribue à constituer le mouvement typique de l'être-déchu. Ce mouvement (comme un tourbillon), précipite le *Dasein* dans l'existence impropre, inauthentique.

Nous lisons dans *Sein und Zeit* :

> Le mouvement d'effondrement dans l'abîme de l'existence inauthentique du « on » (mouvement qui se déroule tout entier au sein de cet abîme) ne cesse d'arracher la compréhension à la projection des possibilités authentiques et de l'enfoncer dans l'opinion assurée, qui croit tout posséder, ou tout atteindre. Cet arrachement continuel à l'existence authentique et cette prétention obstinée de s'y croire malgré tout toujours établi, en même temps que l'enfoncement dans le « on », tout cela caractérise le mouvement de déchéance comme un *tourbillon* [1].

L'étude de l'être-déchu et celle des existentiaux fondamentaux qui constituent l'ouverture du *Dasein* (la disposition et la compréhension) nous ont préparés à une vue d'ensemble de l'être du *Dasein*. Nous allons voir à présent comment Heidegger unifie les éléments du *Dasein* dans le souci (chap. VI), et ensuite comment le souci est lui-même fondé dans la temporalité (chap. VII).

---

1. *S. u. Z.*, p. 178 ; *ET*, p. 226.

CHAPITRE VI

L'ÊTRE DU *DASEIN* – LE SOUCI

L'analytique existentiale a pour but premier de mettre en évidence les « éléments » structurels du *Dasein* et d'en fournir une analyse détaillée ; elle doit ensuite découvrir la synthèse qui relie entre eux ces éléments. À ce niveau, le mot « élément », d'ailleurs, perd son sens étroit ; il vaut mieux parler des parties *intégrantes* d'un même tout. Il s'agit donc de décrire la démarche unifiante par laquelle s'effectue cette synthèse : c'est ce que fait Heidegger au paragraphe 39 de *Sein und Zeit*, sous le titre suivant : « La question de la totalité originelle de la structure globale du *Dasein* »[1].

Il prend pour point de départ l'analyse d'un phénomène qui manifeste de façon exemplaire cette unité des éléments structurels du *Dasein* : le phénomène de l'angoisse. Nous ne pouvons entrer ici dans le détail de cette analyse qui a malheureusement donné lieu à bien des interprétations erronées. Nous nous contenterons d'indiquer les résultats obtenus par Heidegger.

« Le phénomène complet de l'angoisse nous révèle le *Dasein* comme existant effectivement sous forme d'être-dans-

1. *S. u. Z.*, p. 180 ; *ET*, p. 229.

le-monde. Les caractères ontologiques fondamentaux de cet étant sont : l'existentialité, la facticité et l'être-déchu » [1].

La notion de « facticité » exprime ce qui a été caractérisé plus haut par l'expression : *être-jeté* [2]. Le terme « existentialité » indique ce caractère du *Dasein* de se projeter par sa compréhension dans une possibilité de soi-même, qui est en même temps dévoilement de l'étant (ek-sister) [3].

La facticité, l'existentialité et l'être-déchu sont appelés par Heidegger des caractères ontologiques fondamentaux du *Dasein*.

Reprenons brièvement les caractéristiques du *Dasein*, telles qu'elles se dégagent des exposés qui précèdent.

« Le *Dasein* est un étant pour lequel, dans son être, il est question de cet être même » [4]. Il est en vue de lui-même ; cela signifie que chacune de ses actions – et, de façon générale, chacun de ses modes d'activité qui se ramène à un enchaînement d'objectifs hiérarchisés – renvoie en dernière analyse à un *à quoi final* qui est une certaine réalisation du *Dasein*. Réalisation qui peut être un sacrifice aussi bien que l'accomplissement d'une œuvre d'art ou le travail quotidien d'un ouvrier.

Comme nous l'avons dit, le *Dasein* est toujours déterminé par son pouvoir-être [5].

L'angoisse joue pour le *Dasein* un rôle prépondérant : par elle le *Dasein* est placé devant sa possibilité originelle d'être. L'angoisse fait disparaître l'étant intramondain aussi bien que l'existence des autres. « L'angoisse ôte ainsi au *Dasein* la possibilité de se comprendre sur le mode de la déchéance à partir du « monde » ou à partir de l'interprétation commune.

1. *S. u. Z.*, p. 191 ; *ET*, p. 241.
2. *Cf.* chap. III, b.
3. *Cf.* chap. III, c.
4. *S. u. Z.*, p. 191 ; *ET*, p. 241.
5. *S. u. Z.*, p. 191 ; *ET*, p. 241.

Elle rejette le *Dasein* vers ce pourquoi il s'angoisse, [c'est-à-dire] son authentique pouvoir-être-dans-le-monde »[1].

Dans l'angoisse le *Dasein* éprouve le néant de son être; il se rend compte ainsi de tout le prix de son existence et saisit en même temps sa précarité.

Le fait que le *Dasein* est essentiellement pouvoir-être a, selon Heidegger, une signification ontologique importante qu'il développe ainsi : « Le *Dasein* s'est toujours "dépassé"; non en tant qu'il adopte un certain comportement à l'égard d'un étant qu'il *n'est pas*, mais en tant que son être est déterminé par son pouvoir-être »[2]. C'est le caractère anticipatif du *Dasein*[3]; le *Dasein* est essentiellement déterminé par ce qu'il peut devenir. Il est d'emblée, d'une certaine façon, dans son pouvoir-être, et par là il devance son être réalisé. Il ne peut même pas réaliser son être sans l'anticipation préalable d'un pouvoir-être.

Nous avons rencontré ce caractère anticipatif du *Dasein* en analysant la *compréhension*, qui est essentiellement projet. C'est parce que le *Dasein* possède la structure ontologique de la projection, qu'il peut devancer (anticiper) son être actuel, et que, d'ailleurs, il ne cesse de le devancer effectivement.

Toute activité, tout acte de choix se réalise en vue d'un certain pouvoir-être, bien plus, il n'est jamais que la réalisation d'un pouvoir-être.

Ce caractère qui fait du *Dasein* un être-anticipatif (*Sichvorweg-sein*) s'intègre bien entendu dans la structure globale du *Dasein* comme être-dans-le-monde. Le *Dasein* se devance lui-même en étant dans un monde. Son être-anticipatif (le pro-jet) constitue ce que Heidegger appelle l'*exister*

---

1. *S. u. Z.*, p. 187; *ET*, p. 237.
2. *S. u. Z.*, p. 192; *ET*, p. 241.
3. *S. u. Z.*, p. 191; *ET*, p. 241.

(*Existieren*), expession qu'il faut entendre au sens de : « se dépasser vers son pouvoir-être ». Mais le *Dasein* ne peut pas se dépasser ainsi sans être *jeté* dans un monde : l'existence présuppose toujours la facticité. « L'existentialité est essentiellement déterminée par la facticité »[1].

Le *Dasein* qui existe dans-le-monde, où il est jeté, se trouve toujours être déjà perdu dans ce qui se manifeste à lui, et dont il est préoccupé. Heidegger exprime cette structure globale du *Dasein* par la formule suivante : « *Sich-vorweg-schon-sein-in-(der-Welt) als Sein-bei (innerweltlich begegnendem Seienden)* »[2]. Le *Dasein* est l'étant qui en-se-dépassant-est-déjà-dans-(un-monde) auprès-des (étants-intramondains). Pour désigner cette structure de l'être du *Dasein*, Heidegger emploie le terme *souci*, tout en faisant remarquer expressément que ce terme ne doit pas être compris au sens habituel de « se-soucier-de... » ; malgré cette précaution, il a souvent été mal compris. Les interprètes ont trop souvent oublié que « souci » ne désigne pas, ici, un certain étant d'esprit, mais la structure même de l'être du *Dasein*. Le « souci », au sens heideggerien, comporte à la fois l'*existentialité* (le fait que le *Dasein* se dépasse toujours vers son pouvoir-être), la *facticité* (l'être-jeté, le fait d'« être-déjà-dans ») et l'*être-déchu* (le fait d'« être-auprès-de »). C'est l'unité de ces éléments que Heidegger appelle le souci.

C'est précisément parce que l'être du *Dasein* est souci (*Sorge*), que le commerce avec les étants intramondains répond à la préoccupation (Be-*sorgen*) et la relation à autrui est sollicitude (Für-*sorge*).

En ce qui concerne l'existentialité, il importe de préciser encore un point. Dans l'être-anticipatif (*Sich-vorweg-sein*)

---

1. *S. u. Z.*, p. 192 ; *ET*, p. 242.
2. *Ibid.*

« se trouve la condition existentiale ontologique qui rend possible la liberté [du *Dasein*] pour des possibilités existentielles authentiques » [1]. En se dépassant vers ses possibilités, le *Dasein* se rend libre pour elles. L'existentialité est en elle-même liberté. La relation du *Dasein* avec ses possibilités étant déterminée par la liberté, il se fait que l'homme peut se décider aussi pour des possibilités authentiques, et que, selon Heidegger, il se trouve toujours soumis, dans ses décisions, à l'opinion du « on », et il doit s'en défaire pour se réaliser authentiquement.

Le souci, au sens heideggerien, n'est pas la résultante des différents comportements du *Dasein* à l'égard d'autrui et à l'égard des étants ; il correspond à l'unité structurelle fondamentale qui rend possibles d'avance (*a priori*) tous les comportements de fait, toutes les situations concrètes du *Dasein*. « *Die Sorge liegt als ursprüngliche Strukturganzheit existenzial-apriorisch "vor" jeder, d. h. immer schon in jeder faktischen "Verhaltung" und Lage des Daseins* » [2].

Heidegger nous met en garde contre une interprétation erronée qui verrait, dans cette détermination de l'être du *Dasein* comme souci, une tentative pour réduire le *Dasein* à la perspective d'une *activité pratique* ; le souci, par lequel le *Dasein* se dépasse vers ses possibilités tout en-étant-jeté (dans-un-monde) auprès-des-étants (intramondains) est aussi bien à la base des attitudes théoriques que des attitudes pratiques. « La « théorie » et la « pratique » sont des possibilités d'existence d'un étant, dont l'être doit être déterminé comme souci » [3].

---

1. *S. u. Z.*, p. 193 ; *ET*, p. 242-243.
2. *Ibid.*
3. *S. u. Z.*, p. 193 ; *ET*, p. 243.

CHAPITRE VII

LE SOUCI ET LA TEMPORALITÉ

Le souci, cependant, n'unifie pas encore les éléments constitutifs du *Dasein* de façon parfaite : il n'est en effet qu'une unité structurée. Il est donc nécessaire de pousser l'analyse plus loin, afin de découvrir le fondement ontologique ultime qui constitue l'unité primordiale. C'est à cette recherche que Heidegger consacre la deuxième section de *Sein und Zeit*. Le fondement ultime dont il s'agit, c'est le temps ou, plus exactement, la *temporalité*.

Nous nous contenterons d'esquisser les conclusions de cette analyse, telles que les présente le paragraphe 65, qui est intitulé « La temporalité comme sens ontologique du souci » [1].

Poser le problème du *sens du souci*, c'est se demander ce qui rend possible la structure globale du souci, c'est essayer de comprendre comment cette structure peut être une construction, et donc comporter en elle-même une certaine multiplicité – tout en étant néanmoins une unité [2].

Heidegger explique d'abord comment il comprend le terme « sens ». Le paragraphe 32, qui traite de la compréhension, indiquait déjà une première note caractéristique de cette

1. *S. u. Z.*, p. 323-331 ; *ET*, p. 383-391.
2. *S. u. Z.*, p. 324 ; *ET*, p. 384.

notion. Toute compréhension s'effectue selon une certaine dimension. Cette dimension affecte d'avance le caractère d'être de ce qui sera compris. Comprendre le sens de l'étant, ce n'est pas selon Heidegger, comprendre quelque chose en dehors de l'étant, mais bien comprendre l'étant lui-même, l'être de l'étant. C'est cette dimension de la compréhension, selon laquelle nous comprenons l'être de l'étant, que Heidegger appelle le sens. Généralement, le sens n'est pas saisi d'une façon explicite. C'est ainsi que Heidegger écrit : « ... le sens est ce au sein de quoi la compréhension de quelque chose se tient, mais il n'est pas nécessairement saisi lui-même de façon expresse et thématique. Le sens signifie la dimension (*Woraufhin*) du projet primaire à partir duquel une chose peut être comprise dans ses possibilités – telle qu'elle est » [1].

Le terme « *Woraufhin* » indique l'angle de visée, la perspective sous laquelle une chose nous apparaît. Nous avons choisi comme traduction le mot « dimension » parce que Heidegger lui-même emploie plus loin l'expression « *Entwurfsbereich* », *dimension* du projet [2].

Pour être plus explicites, revenons au texte de Heidegger : « L'étant intramondain est projeté sur fond de monde » [3] : pour qu'un étant puisse se manifester comme (étant-) intramondain, le *Dasein* doit avoir réalisé son projet mondain fondamental. Seul ce projet rend possible la rencontre de l'étant. Le terme « projet », que nous ne pouvons pas éviter, pourrait prêter à équivoque. On pourrait croire, en effet, qu'il s'agit d'une constitution de l'objet au sens idéaliste, ou au moins d'une « *Sinngebung* » au sens husserlien. Or ce n'est nullement le cas. Le projet pour Heidegger, est un dévoilement

---

1. *S. u. Z.*, p. 324 ; *ET*, p. 384.
2. Cf. *Vom Wesem der Wahrheit*, la note à la fin du travail ; *EV*, p. 193-194.
3. *S. u. Z.*, p. 151 ; *ET*, p. 197.

qui permet la rencontre de l'étant. Mais comme il est impossible que l'homme rencontre quelque chose en dehors de son monde, comme son monde est en fin de compte le fondement de tout dévoilement, tout dévoilement s'accomplit nécessairement à l'intérieur d'un monde. Le monde est l'élément *a priori* de tout dévoilement. Dès que l'homme s'est ouvert son monde, il peut rencontrer de l'étant.

S'interroger sur le sens du souci, c'est donc se demander quelle est la dimension de projection qui le rend possible. « Mettre à jour la dimension d'un projet signifie : retrouver ce qui rend possible le projeté »[1].

Dans la partie de *Sein ou Zeit* que nous avons laissée de côté dans notre exposé (les paragraphes 46-64), Heidegger caractérise le *Dasein* comme résolution anticipative (*vorlaufende Entschlossenheit*). Il veut dire par là que le *Dasein* est ouvert (*aufgeschlossen*), dans sa décision (*Entschluss*) sur sa possibilité extrême, qui est sa mort[2].

Le terme « anticiper » doit être compris au sens de « se lancer vers », « se porter vers » (nous empruntons ce terme à De Waelhens). Au moment où il comprend la mort comme sa possibilité extrême, celle qui rend impossible son existence même, et où il assume cette possibilité en la reconnaissant pour sienne, le *Dasein* devient transparent à lui-même en tant qu'être personnel, c'est-à-dire *être-soi*.

> Par l'anticipation [de la mort], le *Dasein* arrive à comprendre qu'il ne peut recevoir son pouvoir-être le plus authentique que de lui-même. La mort n'appartient pas simplement d'une manière indifférente au *Dasein* lui-même, mais elle *revendique* ce *Dasein* en tant que *Dasein individuel*[3].

1. *S. u. Z.*, p. 324 ; *ET*, p. 384.
2. Cf. *S. u. Z.*, § 53.
3. *S. u. Z.*, p. 263 ; *ET*, p. 318.

Nous pouvons y ajouter : en comprenant sa mort, et en y apercevant sa mort propre, le *Dasein* s'arrache à l'existence inauthentique et se jette vers son existence authentique. Cette anticipation de la mort est donc en même temps une ré-ception puisque c'est par elle que le *Dasein* reçoit son fondement propre. Et comme l'anticipation est un acte réalisé par l'existence humaine, on peut voir aussi dans cette réception l'acte dans lequel le *Dasein revient* vers son fondement propre. En se portant vers sa mort (dans l'anticipation), le *Dasein* conquiert son existence, en tant qu'elle est sienne, c'est-à-dire en tant qu'elle est existence unique (personnelle). Et ainsi il devient lui-même (être-soi). Ce devenir qui s'accomplit dans l'anticipation, Heidegger l'appelle avenir. « *Das die ausgezeichnete Möglichkeit aushaltende, in ihr sich auf sich* ZUKOMMEN *lassen, ist das ursprüngliche Phänomen der* Zukunft » [1]. Supporter sa possibilité extrême, en atteignant en elle et par elle son être propre (être-soi), c'est en cela que consiste, pour Heidegger, le phénomène de l'*avenir*. Le *Dasein* est en lui-même *porteur d'avenir (zukünftig)* [2].

Cette première esquisse fait tout de suite apparaître l'abîme qui existe entre la conception courante du temps et celle de Heidegger. Celle-ci exclut nécessairement la première, et on voit d'ailleurs immédiatement pourquoi. Si le *Dasein* est d'abord et d'habitude un *Dasein* déchu, engagé dans une existence impropre, il est évident que sa conception du temps sera, elle aussi, une conception impropre. Le *Dasein* moyen voit dans l'avenir un élément temporel qui n'est pas encore présent, mais qui va devenir présent. Il ne s'interroge nullement sur la condition de possibilité d'un tel devenir. L'homme de

---

1. *S. u. Z.*, p. 325 ; *ET*, p. 385 : « Cet avènement à soi qu, en elle, soutient la possibilité insigne est le phénomène original de l'avenir. »

2. *Cf.* De Waelhens, *La philosophie de Martin Heidegger, op. cit.*, p. 183 *sq.*

la rue se représente le temps sous la forme d'une force obscure qui pousse sans cesse les petits « maintenant » à sortir du compartiment de l'avenir pour tomber dans celui du présent : c'est ainsi qu'ils deviennent réels ; et du présent ils retombent aussitôt dans le passé, pour faire place aux autres « maintenant » qui les suivent.

Heidegger écrit explicitement : « L'avenir ne signifie pas ici un moment [*nunc*] qui n'est pas encore devenu "réel" et qui ne *le sera* que *plus tard*, mais le processus (*Kunft*) par lequel le *Dasein* arrive, au sein de son pouvoir-être le plus authentique, jusqu'à lui-même » [1].

Pour pouvoir temporaliser l'avenir, le *Dasein* doit être capable d'anticipation (de se porter vers…) ; d'autre part, l'anticipation ne sera possible que « dans la mesure où le *Dasein, en tant qu'il est*, arrive… à lui-même, c'est-à-dire dans la mesure où il est, dans son être-même, accédant à … » [2]. Il y a ici une relation d'implication réciproque, d'un type que l'on retrouve assez souvent chez Heidegger, et qui déroute le lecteur habitué à distinguer nettement les différentes phases d'une succession temporelle. Mais ce type de succession précisément n'est pas ce qui fait le propre du *Dasein*.

L'implication dont il s'agit ne se restreint d'ailleurs nullement à l'anticipation ; elle englobe aussi ce que Heidegger appelle *Gewesenheit*. Nous traduirons ce terme par *passé-présent (ayant-été)*. Le *Dasein* en peut se lancer vers sa propre mort que dans la mesure où il existe *déjà*. Pour réaliser mon être d'une manière adéquate, je dois accepter en même temps que sa mort, son *être-jeté*, c'est-à-dire ce qu'il est déjà. La mort ne peut être, en effet une mort individuelle (donc destinée

1. *S. u. Z.*, p. 325 ; *ET*, p. 386.
2. *Ibid.*

à un *Dasein* personnel) si elle ne se trouve pas en relation avec ce que le *Dasein* est *déjà*, avec son *passé*.

« En étant authentiquement "accédant à", le *Dasein* est authentiquement passé. L'anticipation de sa possibilité extrême et donc la plus propre, est un retour compréhensif sur son *passé-présent* le plus authentique »[1].

L'avenir est d'une certaine manière l'accomplissement véritable du passé (ayant-été). Il présuppose donc le passé. Mais le passé comme tel ne peut se manifester s'il n'y a pas un avenir. Il y a ainsi, entre le passé et l'avenir, ce que nous avons appelé une relation d'implication réciproque. Le passé ne devenant passé que par l'avenir, nous pouvons dire que l'avenir fait surgir d'une certaine manière le passé. Cette expression ne doit cependant pas être prise dans un sens temporel, comme s'il y avait d'abord un avenir auquel viendrait ensuite s'adjoindre le passé. Toutes les phases du temps coexistent. Nous ne pouvons les séparer qu'en leur appliquant le cadre extérieur du temps intramondain, qui n'est qu'une projection du temps véritable du *Dasein* sur les objets du monde. Si l'avenir, le passé et le présent sont liés entre eux par une relation d'implication réciproque, cela ne signifie nullement qu'ils sont fondus en une masse indistincte. Comme nous allons le voir, il est possible de distinguer les différentes phases du temps, sans détruire pour cela leur unité foncière. Unité qui d'ailleurs est fondée précisément sur la distinction des phases. Les phases s'impliquent les unes les autres et en même temps elles s'excluent mutuellement. C'est pourquoi Heidegger appelle les phases temporelles ek-statiques. On pourrait dire que leur exclusion mutuelle constitue précisément le lien qui les unit. Ceci nous mène à la définition suivante : le temps est ce qui est hors de soi, en et pour soi[2].

1. *S. u. Z.*, p. 326 ; *ET*, p. 386.
2. *S. u. Z.*, p. 329 ; *ET*, p. 389.

Le terme « passé-présent », utilisé dans ce qui précède, doit faire l'objet d'une explication particulière. Il convient d'abord que nous donnions la raison pour laquelle nous ne nous sommes pas bornés à reprendre le terme classique de « passé ».

C'est que Heidegger distingue nettement entre la *Gewesenheit* et la *Vergangenheit*. Ce dernier terme désigne le passé de la conception vulgaire qui fait du temps une pure succession de « maintenant ». Le « maintenant » qui *n'est plus* est passé, il est tombé dans le passé, comme on a coutume de dire. On se représente en somme le passé comme une sorte de « tombe » où vont s'enfuir les « maintenant » qui ne sont plus.

Si, cependant, le temps n'est point quelque chose qui existe en dehors du *Dasein*, si, au contraire, le *Dasein* est foncièrement temps (temporalisant), il doit exister un passé différent de celui que nous venons d'évoquer : un passé dont le *Dasein* puisse nous dire qu'il est « son » passé, c'est ce passé-là que nous avons désigné par l'expression *ayant-été*. Cela signifie que le passé n'est pas une chose distincte de moi, mais ce que *j'ai été* (*ich bin gewesen*) et ce que *je suis* donc *encore* d'une certaine manière. Le caractère spécifique de ce passé c'est justement de ne pas être passé, ou plus exactement d'être présent en tant que passé. Le terme *ayant-été* indique qu'il s'agit d'un passé qui est encore présent (participe présent). Ainsi, par exemple, mon enfance, en tant que phénomène temporel (au sens habituel), est passée ; mais en réalité elle est encore présente en moi. Non pas simplement par le fait que j'ai des souvenirs d'enfance, mais par le fait que mon être actuel est en rapport avec mon enfance, que je porte mon enfance en moi [1].

---

1. Qu'il nous soit permis d'évoquer à ce propos l'œuvre de Proust, qui constitue l'exemple le plus célèbre de cette présence du passé dans le moi.

Alors que, selon la conception courante du temps, le passé est un maintenant présent qui n'est plus, donc un présent-*passé* ; dans la conception heideggerienne, au contraire, le passé du *Dasein* est un passé-*présent*, un passé que le *Dasein* est encore. Nous emploierons toujours dans la suite le terme de passé-présent pour indiquer le passé spécifique du *Dasein*.

Le *Dasein* commence par se comprendre à partir des étants non-humains. Aussi n'est-il pas étonnant qu'il comprenne d'ordinaire son passé comme un présent passé, sur le mode de la temporalité des choses.

Avant d'entreprendre l'analyse du présent, il convient de remarquer encore que le passé-présent du *Dasein* dépasse la vie de celui-ci. L'existence n'est-elle pas en soi historique [1] ? Lorsque nous essayons de comprendre notre monde, nous faisons appel aux autres époques qui ont contribué à la formation de la nôtre. Cette compréhension, encore fort limitée, il est vrai, parce que la science de l'histoire se perd trop facilement dans l'inessentiel et le palpable, met l'homme en contact avec ce que l'on peut appeler – en élargissant le sens de l'expression – le *passé-présent*. Ce contact peut éclairer l'homme sur sa propre existence, il peut même l'aider à réaliser son être authentique.

Dans son dernier cours, donné à Fribourg Br. en 1944, Heidegger a apporté, à propos du passé-présent, la remarque suivante [2] :

> Was wäre, wem wir einen Augenblick einmal ernst nachdenken, wäre das Griechentum nicht gewesen ?
> Das Gewesene ist ein anderes als Nur-Vergangene ! Wir Neuzeitlichen sind trotz aller Aufstöberung des Vergangenen durch die Historie wenig vertraut mit der Nähe des Gewesenen.

---

1. Cf. *S. u. Z.*, chap. v, les § 72-77.
2. Citation d'après les notes prises au cours.

Vielleicht ist die Historie als technische Beheerschung des Vergangenen eine von uns selbst aufgeführte Sperrmauer vor dem Gewesenen, das uns einfacher und reiner immer übertrifft, bis wir sehen, dass im Gewesenen das Verborgene unseres eigenent Wesens uns entgegenwartet, während wir meinen, dem Gewesenen voraus zu sein.
Wie, wenn wir noch gar nicht wüssten, was Gegenwart ist ?
Wie, wenn wir nur zwischen Jetzigem und längst Vegangenem hin und her rechnetent ?

Réfléchissons-y sérieusement : qu'en serait-il si l'antiquité grecque n'avait pas existé ?
Le passé-présent est autre chose que ce qui est simplement passé. Nous, hommes modernes, malgré toutes les fouilles que l'histoire a effectuées dans le passé, nous sommes peu familiarisés avec la proximité du passé-présent. Peut-être l'histoire, en tant que moyen technique de dominer le passé, n'est-elle rien d'autre qu'un mur érigé entre nous et le passé-présent, dont la simplicité et la pureté nous dépassent toujours ; jusqu'à ce que nous voyons que dans ce passé-présent que nous croyions avoir dépassé, nous est conservée notre essence secrète.
Mais savons-nous ce qu'est le présent ? Et faisons-nous autre chose que d'établir le compte de l'immédiat le plus proche et du passé lé plus reculé ?

Cette citation, tirée, il est vrai, d'un cours donné presque vingt ans après l'élaboration de *Sein und Zeit*, nous fait voir que le passé-présent n'est pas une extase secondaire par rapport au futur, en particulier quand il s'agit de l'histoire. Le caractère singulier du passé-présent est primordial ; il ne doit cependant pas nous faire perdre de vue l'originalité de l'avenir, qui possède – nous l'avons vu – pour Heidegger une certaine prééminence.

Tout ce qui précède ne concernait que l'avenir et le passé-présent : nous n'avons pas encore analysé l'extase temporelle qui constitue la proximité : le *présent*.

Le rôle du présent, dans la conception heideggerienne, c'est le *rendre-présent*, ou d'effectuer la *présentation* (*gegen-wärtigen*). Le *Dasein* temporalisant se rend présent l'étant. Cette présentation constitue l'essence du présent.

> La résolution anticipative révèle la situation du *Da* de telle manière que l'existence dans son activité se préoccupe de façon circonspecte de l'étant-intra-mondain (sous-la-main). Le fait d'être-en-résolution auprès de l'étant-sous-la-main qui appartient à la situation [du *Dasein*], c'est-à-dire cette acception active de la rencontre d'une *présence* intramondaine, n'est possible que dans la *présentation* de cet étant [1].

La présentation de ce qui est présent suppose d'une part l'avenir, comme anticipation des possibilités du *Dasein*, et d'autre part le retour sur le passé-présent. En d'autres termes, c'est en comprenant son être propre que le *Dasein* peut saisir la situation humaine et, en même temps, que les étants peuvent se manifester à lui dans leur appartenance à son monde. C'est cela que Heidegger appelle présentation. Comme on le voit, la présentation suppose aussi bien l'avenir que le passé-présent. Elle peut être considérée d'une certaine façon comme la résultante de ces deux extases.

Voici un passage de *Sein und Zeit* qui résume fort bien ces quelques indications [2] :

> Le passé-présent surgit de l'avenir, de telle façon que l'avenir passé [l'avenir qui fait apparaître le passé] donne naissance au présent. Nous appelons *temporalité* l'unité de ce phénomène ainsi structuré comme avenir-passé-présent

1. *S. u. Z.*, p. 326 ; *ET*, p. 386.
2. *S. u. Z.*, p. 326 ; *ET*, p. 386.

[donc de l'avenir qui rend possible aussi bien le passé comme passé-présent que le présent, en tant que présentation]. C'est seulement dans la mesure où le *Dasein* est déterminé comme temporalité qu'il lui est loisible de réaliser son être global authentique… *La temporalité se dévoile comme le sens du souci authentique.*

Le problème initial était de savoir comment le *Dasein*, compris comme souci, peut réaliser l'unité parfaite de son être, ou encore de reconnaître le fondement unifiant du souci. Nous pouvons maintenant y répondre : le *Dasein* ne réalisera son unité parfaite que s'il est par lui-même temporalisant. La temporalisation implique à la fois l'avenir, le passé et le présent. Il nous reste à montrer quelles sont les relations qui relient ces différentes extases aux éléments structurels du souci.

La structure du souci s'exprimait dans la formule : Se-dépasser-en-étant-déjà-dans-(un-monde)- auprès-des (étants intramondains). « Le dépassement est enraciné dans l'avenir. L'être-déjà-dans… manifeste le passé-présent. L'être-auprès-de… est rendu possible par la présentation »[1].

La progression de la pensée heideggerienne, dans *Sein und Zeit*, se présente de la façon suivante : Heidegger part de l'analyse des éléments fondamentaux du *Dasein*, compris comme être-dans-le-monde. Ces éléments (les existentiaux) sont : la compréhension, la disposition (affective) et le langage (que nous n'avons pas touché dans notre exposé). Chaque existential révèle à sa manière l'être du *Dasein* : la compréhension révèle l'être du *Dasein* en tant qu'existence ; la disposition le révèle en tant qu'être-jeté, c'est-à-dire son caractère de facticité et le langage le révèle en tant qu'être-déchu. L'unité de ces trois éléments fondamentaux constitue

1. *S. u. Z.*, p. 327 ; *ET*, p. 387.

le souci. Et nous pouvons maintenant entrevoir comment chacun des éléments est fondé à son tour dans une extase du temps : la compréhension (l'existence) dans l'avenir, la disposition (facticité) dans le passé-présent, la discursivité (l'être-déchu) dans le présent.

Quelques citations vont expliciter ces relations :

> La projection du *Dasein* vers un « à quoi final », projection qui est fondée sur l'avenir, est le caractère essentiel de l'existentialité ; le sens originel de l'existentialité est l'avenir[1].

> D'autre part, le « déjà » [du déjà-être] concerne le sens existential-temporel de l'être de l'étant qui, en tant qu'il est, est toujours déjà jeté. [...] Dans le disposition (affective) le *Dasein* se découvre à lui-même comme l'étant qui, tout en continuant à être, se trouve avoir déjà été, c'est-à-dire, *est* continuellement en ayant été[2].

> La temporalité rend possible l'unité de l'existence, de la facticité et de l'être-déchu, elle constitue ainsi originellement la totalité de la structure du souci[3].

> La temporalité temporalise les différents modes possibles qui la constituent. Ces modalités rendent possible la pluralité des modes d'existence du *Dasein*, et en premier lieu les modalités fondamentales de l'existence authentique et inauthentique[4].

Cela veut dire que ces types d'existence résultent d'une certaine forme de temporalisation. Mais si, comme nous venons de le dire, la temporalisation se réalise toujours grâce à la coexistence des trois extases temporelles, comment peut-on encore distinguer les différents modes de la temporalisation dans l'unité de leur coexistence ?

---

1. *S. u. Z.*, p. 327 ; *ET*, p. 388.
2. *S. u. Z.*, p. 328 ; *ET*, p. 388.
3. *Ibid.*
4. *S. u. Z.*, p. 328 ; *ET*, p. 389.

La coexistence dont il s'agit n'est pas une simple juxtaposition des extases, c'est un ensemble de relations d'implication mutuelle au sein desquelles l'une ou l'autre extase joue toujours un rôle prédominant. L'extase qui remplit ce rôle détermine le caractère authentique ou inauthentique de la temporalisation.

Nous avons vu plus haut que chacun des existentiaux peut être réalisé d'une manière authentique ou d'une manière inauthentique. S'il existe effectivement une relation entre les existentiaux et les extases temporelles, chacune de ces extases doit donc avoir également une forme authentique et une forme inauthentique. Il convient donc d'opposer les formes authentiques aux formes inauthentiques des extases temporelle.

L'avenir authentique est l'anticipation de la possibilité extrême du *Dasein* : dans cette anticipation, le *Dasein* arrive à son être propre, cet être lui « ad-vient ». Mais : « Généralement l'être-dans-le-monde préoccupé se comprend à partir de ce dont il est préoccupé. La compréhension inauthentique se projette dans ce qui est accessible, convenable, nécessaire, indispensable pour les affaires quotidiennes… Le *Dasein* n'arrive pas à lui-même, de façon originelle, dans son pouvoir-être le plus propre…, mais *il est attentif à son être à partir de ce que la préoccupation lui procure ou lui refuse*. Le *Dasein* accède à soi à partir de ce qui le préoccupe » [1].

À l'avenir authentique, qui est une anticipation des possibilités uniques du *Dasein*, s'oppose l'avenir inauthentique dans lequel le *Dasein* comprend son être à partir des objets de sa préoccupation. Ce vers quoi le *Dasein* est « porté » – parce qu'il y a aussi une certaine anticipation – ce sont les affaires quotidiennes et leur réussite possible. Le *Dasein* est tendu vers… l'objet de ses préoccupations. Heidegger appelle

1. *S. u. Z.*, p. 337 ; *ET*, p. 398.

cette tendance *gewärtigen*, terme que nous traduirons par *ad-tension*. Dans l'*ad-tension* qui le porte vers sa préoccupation quotidienne, le *Dasein* s'ouvre une certaine perspective sur ce qu'il peut attendre. L'ad-tension rend possible l'*attente*. La moindre réflexion nous montre que l'attente est toujours tendue vers le futur. Aussi longtemps que le *Dasein* reste exclusivement limité au présent, il ne peut pas attendre. L'attente présuppose un dépassement du présent et le champ de ce dépassement est ouvert par l'ad-tension.

Il y a donc même dans l'avenir inauthentique un dépassement du présent. Ce qui fait son caractère inauthentique, c'est qu'il ne porte pas le *Dasein* vers son avenir propre, mais vers ce qui pourra répondre à ses préoccupations.

L'avenir (qu'il soit authentique ou inauthentique) ne peut cependant subsister sans les autres extases : celles du passé et du présent ; nous pouvons également mettre en lumière le contraste qui existe entre leurs formes authentiques et inauthentiques.

> À l'anticipation du *Dasein* en résolution correspond un présent conformément auquel la résolution révèle la situation. La ré-solution ne libère pas seulement le présent de la distraction, qui caractérise la préoccupation immédiate, mais elle le relie à l'avenir et au passé-présent. Ce présent, englobé dans la temporalité authentique, et qui est donc lui-même authentique, nous l'appelons l'*instant* [1].

L'instant, compris comme extase, n'est pas un moment temporel, un « *nunc* » présent dans lequel quelque chose se passe, mais il est ce qui rend présent (ce qui permet la rencontre de l'étant), et c'est par là qu'il est présent véritable.

Le terme opposé à l'instant est le *Gegenwärtigen*. Nous avons essayé d'en rendre le sens en le traduisant par

---

1. *S. u. Z.*, p. 338 ; *ET*, p. 399.

présentation : il s'agit d'une démarche qui s'accroche avec insistance à l'immédiat. Ce que l'instant et la présentation ont en commun, c'est le fait de *rendre présent*, mais d'une manière différente. Alors que l'instant ouvre le présent et permet ainsi au *Dasein* d'être en même temps dans l'avenir et le passé-présent et, par là, de comprendre ce qui est véritablement présent, la présentation est la curiosité insatiable qui se nourrit continuellement du présent, sans le comprendre. On pourrait appeler cette temporalisation du présent une présentification. Elle se disperse dans les données présentes, sans arriver à prendre vraiment pied dans le présent. Le propre de la présentation c'est la *curiosité* (*Neugier*) : Heidegger en a donné une analyse extrêmement pénétrante [1].

En ce qui concerne le passé, nous avons déjà indiqué le contraste qui existe entre le passé-présent (*Gewesenheit*) et le présent-passé (*Vergangenheit*) (qui correspond à ce qu'on appelle ordinairement le passé). Ajoutons ici que le passé véritable est essentiellement répétition (*Wieder-holung*). Ce qui signifie qu'il ne s'agit pas d'un passé que nous abandonnons, que nous laissons derrière nous, mais d'un passé sur lequel nous revenons et que nous gardons ainsi présent. Si nous voulons réaliser notre être, nous devons revenir sur lui, parce qu'il le contient déjà d'une certaine manière.

Dans le passé inauthentique, que nous appelons le présent-passé, le *Dasein* ne se rapproche pas de son être-passé, mais au contraire, il s'en éloigne et se le rend ainsi inaccessible en le faisant tomber dans l'*oubli*. En même temps, il s'oublie lui-même parce que le passé n'est pas distinct du *Dasein* : le *Dasein* est son passé même s'il en a perdu le sens.

Lorsqu'il oublie son passé, le *Dasein* préoccupé se concentre sur l'étant qui lui est présent, en le retenant. Le

1. Cf. *S. u. Z.* : « Die Zeitlichkeit des Verfallens », p. 346 *sq*; *ET*, p. 407.

passé inauthentique est par excellence *ré-tention*. L'attitude
par laquelle le *Dasein* se borne à retenir l'étant est donc une
conséquence de l'*oubli de soi*. L'« oubli » au sens ordinaire
(l'oubli d'une date, d'un nom, d'un objet) n'est qu'un
phénomène secondaire par rapport à l'oubli primordial qui
est oubli de soi-même. Lorsqu'il est plongé dans le passé
inauthentique, le *Dasein* n'a pas conscience de cet oubli
fondamental qui, à ce moment-là, caractérise son être : cet
oubli lui reste caché[1].

Ces quelques citations extraites du paragraphe 68 de *Sein
und Zeit* n'épuisent nullement la question. Elles n'ont d'autre
but que de fournir la base nécessaire à l'exposé qui va suivre.
Jean Beaufret, dans son article très remarquable : « L'Être de
la vérité »[2], qui témoigne d'une rare pénétration de la pensée
heideggerienne, attire à juste titre l'attention sur ce paragraphe,
qui n'a pas encore fait l'objet d'une analyse plus poussée, en
dehors de l'exposé qu'en a donné A. De Waelhens dans son
livre bien connu sur la philosophie de Heidegger.

La structure de ce paragraphe est en effet assez compliquée.
Heidegger montre clairement comment se temporalise le
temps dans chacun des existentiaux : la compréhension
authentique se temporalise à partir de l'avenir, la disposition
affective à partir du passé et le langage à partir du présent.
Dans chacun de ces modes de temporalisation prédomine
donc l'une des trois extases : mais les autres y restent cependant
présentes, car une extase isolée ne peut à elle seule engendrer
une temporalisation. Les trois extases interviennent dans
chacun des modes de la temporalisation, mais leurs contributions
respectives varient suivant l'existential qui se trouve
temporalisé. Il faudrait, bien entendu, consacrer un commentaire

1. *S. u. Z.*, p. 339 ; *ET*, p. 400.
2. *Cf.* la revue Fontaine.

particulier à cette imbrication réciproque des différentes
extases et aux différentes façons dont elle se réalise; mais
nous ne pouvons insister davantage ici sur cette question.

Tout ce que nous venons de dire montre bien que le temps
n'est pas un étant. Le *Dasein* est en lui-même temporalisant.
Le temps ne vient pas du dehors, fournissant un simple cadre
au déroulement des événements.

Si c'est l'être même du *Dasein* qui se réalise dans la
temporalité, si les différents modes d'être ne sont que des
modes différents de la temporalisation, et si d'autre part il
existe une relation entre le *Dasein* et l'Être comme tel, on
peut légitimement avancer qu'il doit exister une certaine
relation entre l'Être et le temps. Le « et » qui figure dans le
titre de *Sein und Zeit* n'exprime donc pas une relation arbitraire,
il ne se borne pas à juxtaposer simplement le temps à la notion
de l'Être. Ce « et » a pour fonction d'indiquer la liaison
fondamentale de l'Être et du temps, liaison qui fut déjà
soupçonnée par les Grecs, et qui se trouve pour la première
fois pensée thématiquement dans l'ouvrage de Heidegger.

Dans « Le retour au fondement de la métaphysique »,
nous lisons :

> L'étude dans laquelle s'opère la remontée au fondement de
> la métaphysique, ne s'intitule donc pas « Ex-sistence et
> temps » ni « Conscience et Temps », mais « Être et Temps ».
> D'ailleurs, à quoi bon ce « Temps » ? Le souvenir des
> commencements décisifs de la pensée européenne, chez les
> Grecs, pourrait montrer que la pensée grecque avait pensé
> très tôt l'être de l'étant (« l'étantité »-*Seiendheit*) comme
> ουσια, c'est-à-dire comme παρουσια, c'est-à-dire comme
> présence. Étant véritable est ce qui demeure constamment
> présent. Cette thèse implique que l'être est pensé en tant que
> présence (présent) et permanence (comme le « Toujours »,
> αει). Mais « présence », « permanence », et aussi soudaineté

sont des déterminations qui indiquent l'essence du « temps ».
L'être, par conséquent, est manifeste (*offenbar*) dans l'Ouvert
du Temps. Certes cette essence du temps demeure en même
temps cachée et ne peut jamais être pensée à l'aide de la
notion métaphysique du temps. Le temps devient de la sorte
un prénom encore obscur de la vérité de l'être ; de cette
question qui doit nécessairement précéder toutes les autres.
Sein und Zeit énonce que c'est l'être et non plus l'étant qu'il
faut penser, « et » l'être par rapport à sa vérité, c'est-à-dire
à l'apérité qui s'annonce comme « temps » [1].

Une des démarches décisives par lesquelles la pensée
heideggerienne s'est orientée dans cette direction, c'est
précisément la reconnaissance du caractère temporel du
Dasein. Nous essayerons de montrer, à la fin de notre travail,
comment la pensée de Heidegger a évolué, depuis *Sein und
Zeit*, dans le sens qu'indique notre citation.

---

1. *QM*, p. 36-38.

Chapitre VIII

LA TEMPORALITÉ ET L'ÊTRE-DANS-LE-MONDE [1]

La temporalité de la préoccupation quotidienne

Le comportement du *Dasein* vis-à-vis des étants qui l'entourent dans son monde environnant, nous est apparu sous la forme d'un *commerce* (*Umgang*). Le commerce le plus immédiat est celui qui consiste à manier des ustensiles, soit qu'il s'agisse de les utiliser comme outils, soit qu'il s'agisse d'en faire usage à titre de matériaux pour réaliser une œuvre. Personne ne peut échapper à ce type de contact immédiat avec l'étant du monde environnant.

Pour comprendre le commerce du *Dasein* avec les étants, nous avons dû mettre en lumière la structure ontologique de ces étants. Dans une première étape nous avons décrit l'étant dans sa structure d'ustensile (étant-sous-la-main). À cette occasion, nous avons pu constater que nous ne sommes jamais en présence d'un ustensile isolé : nous ne pouvons rencontrer un ustensile que si nous avons préalablement découvert un complexe ustensilier auquel l'ustensile en question appartient. Il fallait donc mettre en lumière la connexion qui relie le *Dasein* à un tel complexe. En montrant que le caractère fondamental

1. Cf. *S. u. Z.*, p. 352-356; *ET*, p. 414-418.

de l'ustensile est d'être destiné à…, nous avons compris pourquoi il n'est pas possible de rencontrer un ustensile isolé. Par là même qu'il est destiné à… il est établi dans une certaine relation avec ce à quoi il est destiné : par cette relation il se trouve inséré dans un complexe d'étants.

Nous ne pouvons comprendre un ustensile sans avoir une connaissance préalable du caractère de destination qui lui est propre en tant qu'ustensile. Cette connaissance rend donc possible le commerce avec les étants du monde environnant. Ce commerce lui-même se déroule sous la forme de la préoccupation (être préoccupé de…). Toute préoccupation est une modalité de l'être-auprès-de… L'être-auprès-de… est un élément constitutif du souci. Si tout cela est exact, et si, d'autre part, le souci est fondé dans la temporalité, la préoccupation doit être le résultat d'une certaine temporalisation, qui la rend possible [1].

Nous avons analysé plus haut l'acte qui rend possible l'ustensile (*Bewendenlassen*), c'est-à-dire la découverte de sa « destination ». Chaque ustensile est destiné à…, possède une référence essentielle que nous avons appelé *serviabilité* (le caractère de pouvoir servir à). La compréhension de la serviabilité est une sorte d'*ad-tension* (*Gewärtigen*). Orienté vers le à quoi de la serviabilité, le *Dasein* peut revenir sur ce qui possède l'*appropriété* d'être bon pour… Il *retient* donc ce qui porte cette destination et peut ainsi *rendre présents* (présenter) les ustensiles nécessaires à sa préoccupation.

La préoccupation quotidienne ne saisit pas ces relations de façon explicite. Le *Dasein* quotidien les exerce sans faire d'elles l'objet d'une réflexion expresse. Il ne se limite pas à l'une des extases, ni à l'ad-tension, ni à la ré-tention, et peut ainsi – en temporalisant toutes les extases à la fois –

---

1. *S. u. Z.*, p. 353 ; *ET*, p. 415.

s'abandonner à ce qu'il rend présent grâce à la temporalisation. Cet abandon équivaut à un oubli de soi ; il faut remarquer cependant que, dans la temporalisation, l'avenir garde une certaine « priorité » et que, dans l'avenir, le *Dasein* se soucie de son être-propre : ainsi, tout en s'oubliant lui-même, le *Dasein* fait d'une certaine façon de son pouvoir-être la fin de la préoccupation.

Grâce à l'*ad-tension*, dirigée vers le *à quoi* de la destination, et à la ré-tention de ce qui contient l'appropriété d'être bon pour…, grâce aussi à la *présentation* de ce qui est à notre portée, le *Dasein* obtient une familiarité avec les étants intramondains qui forment ce qu'on appelle son « monde environnant ».

Pour mieux illustrer la temporalisation de la préoccupation, c'est-à-dire de l'unité de ses relations constitutives, Heidegger en analyse quelques modalités déficientes. Nous n'en retiendrons que deux exemples.

Examinons le cas de l'ustensile qui n'est plus utilisable. La situation peut se décrire comme suit : la présentation (avec la ré-tention et l'ad-tension) est arrêtée ; elle ne peut plus réaliser les relations constitutives de la préoccupation. Elle doit s'arrêter à l'ustensile endommagé parce que le maniement en est devenu impossible. Cet arrêt fait apparaître de façon explicite le *à quoi* de l'ustensile. Mais pour que la présentation puisse ainsi rencontrer un ustensile qui ne sert plus à… celui-ci doit déjà être englobé dans l'ad-tension rétentionnelle révélatrice d'une destination, insérée elle-même dans un complexe de destinations qui forment en définitive le monde environnant.

> Si la préoccupation était une succession d'événements qui s'écoulent « dans le temps » – et quelle que soit l'intensité de leur « association » – il serait ontologiquement impossible

de rencontrer un ustensile non-utilisable. Le rendre-possible comme tel [la révélation de la destination] doit être fondé dans l'unité ek-statique de la présentation ad-tensio-ré-tentionnelle, quels que soient les types de complexes ustensiliers qu'il rend accessibles à la préoccupation [1].

Que les trois extases de temporalisation doivent nécessairement être co-présentes dans la préoccupation, c'est ce qui apparaît de façon encore plus évidente dans le phénomène de l'absence d'un ustensile. Comme l'absence est une non-présence, on serait tenté de croire que l'absence résulte d'une non-présentation. Elle correspondrait donc à une interruption de la temporalisation, par la suspension de la présentation.

Mais en réalité, comme le montre Heidegger, l'absence n'est pas un signe de non-présentation : elle correspond simplement à une présentation déficiente, qui n'arrive pas à rendre présent ce qui doit être présent pour la préoccupation. D'ailleurs, si l'on peut *constater* que quelque chose « manque », c'est précisément parce que la présentation comme telle n'est pas exclue. Or, elle ne peut se réaliser, même sous cette forme déficiente, sans présupposer déjà l'ad-tension et la rétention. C'est parce que le *Dasein* préoccupé est tendu vers… et retient en même temps ce qui peut être employé dans telle ou telle occasion, que la présentation peut rendre un ustensile présent ou bien faire apercevoir l'absence d'un ustensile qui serait nécessaire. Le phénomène de l'absence resterait inexplicable si le *Dasein* n'était pas temporalisant et situé, par ce fait même, au centre des trois extases.

Mais certaines situations ne limitent-elles pas le *Dasein* à une seule extase ? Ainsi, par exemple, l'espoir, qui se porte vers l'avenir, ou bien l'affairement, qui se perd dans ce qui est immédiatement présent ?

1. *S. u. Z.*, p. 355 ; *ET*, p. 417.

En réalité, ces phénomènes extrêmes présupposent également la présence des trois extases temporelles : l'espoir ne serait pas un véritable espoir s'il n'espérait pas la réalisation d'un souhait qui est enraciné dans le présent, constitué par le passé-présent; et l'affairement ne pourrait se déployer sans une certaine vue sur l'avenir et sans une certaine révélation du passé.

La transformation de la préoccupation en activité scientifique et sa signification temporelle

Le connaissance théorique est aussi une modalité de l'être-dans-le-monde. Heidegger ne pose pas le problème de la genèse historique des sciences, mais celui de la genèse ontologique du comportement théorique. Il se demande « quelles sont les conditions existentiales nécessaires, incluses dans la structure de l'être du *Dasein* qui rendent possible l'existence du *Dasein* sur le mode de la recherche scientifique ? »[1].

Heidegger aborde le problème de la science sous un angle bien défini. Il se propose d'expliquer le changement qui s'opère lorsque le *Dasein* passe du plan de la préoccupation quotidienne à la découverte de l'étant comme étant-simplement-donné.

Selon la perception courante, le *Dasein* passe de la préoccupation *pratique* à la recherche *théorique* lorsqu'il s'abstient de manier les ustensiles : l'essentiel serait donc l'élimination de l'activité pratique. Mais observons attentivement ce qui se passe : lorsque l'occupation pratique vient à cesser, la vue spécifique de la préoccupation, la

---

1. *S. u. Z.*, p. 357; *ET*, p. 419.

circonspection, ne devient pas automatiquement une vue pure (scientifique), une *theoria*; elle peut se renforcer dans son rôle de circonspection, par exemple en examinant les ustensiles, en cherchant à découvrir ce qui empêche la poursuite du travail, etc. Le monde ustensilier ne disparaît nullement dès que l'activité pratique vient à cesser. D'autre part, il convient de remarquer que la recherche scientifique, quoique théorique, n'exclut pas la pratique. La préparation des expériences, la constatation des résultats ou même le fait que le philosophe doit se servir d'un stylo pour mettre sa pensée sur papier, tout cela le fait bien voir. L'attitude « théorique » n'est donc pas une activité purement spirituelle, c'est une modalité de l'être-dans-le-monde. Toutefois, ces remarques ne nous font pas encore découvrir la ligne de démarcation qui sépare le « pratique » du « théorique ». Pour l'apercevoir, nous devons montrer que le passage de la circonspection à la vue théorique, qui définit la science, s'effectue grâce à une transformation des perspectives. Et tout d'abord, analysons les traits caractéristiques de la circonspection.

La circonspection se situe dans les relations référentielles de l'ensemble des ustensiles. Elle est guidée par une *vue globale* (*Übersicht*) sur l'ensemble des ustensiles. Cette vue globale se caractérise par la compréhension d'un complexe de destinations au sein duquel se situe la préoccupation[1]. La vue globale est, en dernière analyse, fonction du pouvoir-être que le *Dasein* aspire à réaliser et qui est la fin de sa préoccupation.

La *circonspection globale*[2] approche l'étant-sous-la-main en l'explicitant. Le rapprochement circonspect qui explicite

---

1. *S. u. Z.*, p. 359; *ET*, p. 421.

2. L'expression « Circonspection globale » désigne la circonspection qui est sous l'influence de la vue globale. Heidegger emploie le terme de *übersichtliche Umsicht*.

l'étant est la « *réflexion* » (*Überlegung*)[1]. Si Heidegger choisit ce terme, c'est qu'il contient à la fois la racine du mot *Legen* (qui figure dans *Aus-legen – expliciter*) et le préfixe *Über* (que l'on retrouve dans *Übersicht – vue globale*). Ce terme exprime donc bien le résultat de la vue globale explicitante. Il ne s'agit point – on s'en aperçoit – de la réflexion philosophique qui met en question l'être réfléchissant, mais simplement de l'explication qui cherche à découvrir la relation constitutive qui fait l'unité de différents événements. Heidegger dira que le schème de la réflexion se ramène à la liaison : si… alors (*Wenn-so*). Si tel ou tel événement se passe (ou doit se passer), alors tel ou tel autre événement suivra. Si je veux construire une maison, (alors) j'ai besoin de matériaux, d'ouvriers, etc. Par la réflexion circonspecte le *Dasein* se rend compte de sa situation dans son « monde ». Le but de la circonspection n'est pas de constater simplement les propriétés des corps, mais bien de donner au *Dasein* la possibilité de s'orienter dans son « monde ».

Le rapprochement qu'effectue la réflexion circonspecte est une « présentation ». Cette présentation comporte plusieurs éléments fondamentaux. D'abord elle implique une unité extatique complète : elle présuppose la rétention d'un complexe ustensilier, et donc une temporalisation du passé. Le *Dasein* est toujours déjà près d'un complexe d'ustensiles qu'il a découvert dans la préoccupation. Il se situe au sein des références dans ce complexe, et il est en même temps porté vers la réalisation d'une possibilité (ad-tension). Ce qu'il fait, ce qu'il réalise, ce qu'il entreprend, tout cela est déterminé par l'ad-tension et orienté vers la possibilité envisagée.

1. *Ibid.*

La présentation réflexive (*überlegende Gegenwärtigung*) ne peut rapprocher que ce qui est révélé dans une ad-tension rétentionnelle.

Le schème *si… alors…*, remarquons-le, présuppose déjà la compréhension de ce qui constitue le *si* (en tant que *si*). Il faut d'abord comprendre l'événement (ou simplement l'ustensile) comme un événement qui appartient à une certaine unité de phénomènes (ou bien l'ustensile comme un ustensile qui fait partie d'un certain complexe ustensilier). Cette compréhension, à son tour, implique nécessairement une ad-tension et une rétention. Prenons un exemple concret. Je vois des briques. Pour comprendre ce qu'est une brique, pour la regarder non pas comme un étant-simplement-donné, mais en tant que brique, je dois pouvoir réaliser le projet anticipatif de la construction d'une habitation. Je dois être tendu vers la possibilité de la construction, tout en revenant sur ce qui peut servir à construire dans telle ou telle circonstance et en le retenant. L'élément qui se trouve ainsi retenu en vue d'un certain projet peut être rapproché expressément dans une présentation réflexive. Cette présentation présuppose donc une ad-tension et une rétention. Elle ne fait que mettre en lumière ce qui a été dévoilé par l'ad-tension rétentionnelle, c'est-à-dire le caractère de destination de l'étant qui peut *servir à…* dans telle ou telle occasion. La présentation ne transforme nullement l'étant présenté ; elle doit au contraire s'ajuster en elle-même à l'étant dévoilé par l'ad-tension rétentionnelle [1].

Le fondement qui rend possible la réunion de la compréhension (projet) et de la présentation (rapprochement), c'est l'unité de la temporalisation. Heidegger écrit :

---

1. *S. u. Z.*, p. 360 ; *ET*, p. 422.

> Le fait que le présent est enraciné dans l'avenir et dans le passé est la condition existentiale-temporelle qui rend possible le rapprochement, dans une présentation de ce qui est projeté par la compréhension de la circonspection ; et qui la rend possible en telle sorte que le présent doive s'ajuster à ce qu'il rencontre dans l'horizon de la rétention ad-tensionnelle… [1].

Mais quelle relation y a-t-il entre ce que nous venons d'analyser et le problème de la connaissance théorique ? Il nous fallait décrire d'abord la structure existentielle de la préoccupation pour nous préparer à mieux comprendre le changement qui s'accomplit lors du passage à l'étude théorique de l'étant. Ce changement nous apparaîtra avec évidence dans un exemple concret.

Nous pouvons dire d'un marteau dont nous nous servons : « il est trop lourd ». Nous voulons dire par là que le maniement du marteau exige beaucoup de force. En énonçant cette proposition, nous comprenons donc le marteau comme un outil dont on se sert en certaines circonstances, c'est-à-dire comme un ustensile qui appartient à un certain complexe ustensilier. Mais nous pouvons dire aussi : « ce marteau a un tel poids ». À ce moment-là, nous ne le considérons plus en fonction de sa destination, mais bien comme un « corps » matériel, qui subit une accélération vers le bas. Cette phrase manifeste un changement de point de vue : le marteau est isolé de l'ensemble ustensilier et considéré comme un simple corps. Dire encore de ce marteau qu'il est lourd ou léger n'aurait plus aucun sens. Mais il est possible de déterminer son poids « objectif » et de dire : il pèse autant de grammes.

Si un changement s'est produit, ce n'est pas simplement parce que nous avons cessé de manier l'outil et parce que

---

1. *S. u. Z.*, p. 360 ; *ET*, p. 422.

nous faisons abstraction de l'emploi que nous pourrions en faire. Ces deux notes restent purement négatives. Ce qu'il importe de constater, c'est qu'ici intervient une *nouvelle visée* de l'objet, qui engendre précisément un nouveau type de compréhension, où le marteau apparaît comme un simple corps matériel, ou – comme nous l'avons dit plus haut – comme un étant-simplement-donné. Le changement qui s'opère lorsque nous passons de la vie pratique à la vie théorique est un *changement de la compréhension de l'être de l'étant* : l'étant n'est plus compris par rapport à l'ensemble du monde environnant. Nous avons parlé dans la première partie de ce travail [1] de cette modification de la compréhension : nous l'avons appelée une « démondanéisation » parce qu'elle élimine les relations référentielles, constitutives du monde.

Dans l'énoncé scientifique : « ce marteau pèse autant de grammes », nous ne faisons pas seulement abstraction de sa destination habituelle, mais également de sa place. Cette place devient indifférente ; elle n'est plus, dans le « monde » spatio-temporel, qu'un lieu neutre, que rien ne différencie plus d'aucun autre [2]. Le monde environnant perd ses déterminations spatiales typiques. Heidegger désigne ce moment par le verbe « *entschränken* ». Il se produit une neutralisation qui a pour effet de donner à chaque point de l'espace une valeur identique, une même importance ; ce qui n'était pas le cas dans le monde quotidien. Tout étant peut maintenant devenir ob-jet de recherche au même titre, c'est-à-dire en tant que simple corps matériel.

Si les limites qui appartiennent aux éléments constitutifs de la vie quotidienne se trouvent éliminés, cela ne signifie pas cependant que la nouvelle orientation soit dépourvue de

---

1. *Cf.* p. 76 *sq.*
2. *S. u. Z.*, p. 362 ; *ET*, p. 424.

toute détermination. Bien au contraire, grâce à cette élimination même, on peut circonscrire avec précision la « région » de l'étant-simplement-donné et décrire ses structures fondamentales. La méthode scientifique est d'autant plus efficace qu'elle est guidée par une compréhension préalable et explicite de l'être de l'étant qui constitue l'objet de la recherche[1].

Étudiant la façon dont se sont constituées les sciences naturelles exactes, Heidegger montre qu'elles ne se sont pas développées à partir d'une interprétation plus large des « faits », ni grâce à un usage plus étendu des mathématiques dans l'explication des phénomènes naturels, mais bien sur la base d'un projet mathématique de la nature elle-même : dans ces sciences, la nature se trouve visée selon la perspective des projets mathématiques, l'être de la nature y est considéré en tant que mathématique. Elles établissent en quelque sorte d'avance le schème fondamental suivant lequel elles vont développer leur étude de l'étant dont elles font leur objet : c'est suivant ce schème que l'étant va leur être présenté.

Heidegger insiste : ce qui est important dans ce projet, ce n'est pas tant sa *structure mathématique* mais plutôt le fait qu'il révèle une *structure a priori*[2]. Cette structure, posée *a priori* à la base de toute recherche ultérieure, est la condition qui permet à l'étant de devenir objet et suivant laquelle se déterminent ses caractères « objectifs » fondamentaux. Chaque science possède ainsi son projet particulier, fondement constitutif de l'étant qu'elle étudie, et c'est au cœur de ce projet que ses objets lui deviennent présents.

En projetant la nature de cette façon, les sciences naturelles exactes découvrent d'abord ce qui constitue leur matière

1. *Ibid.*
2. *Ibid.*

propre (ce qui leur est constamment présent); puis elles indiquent comment il est possible de la déterminer de façon quantitative. C'est ce projet qui rend possible l'élaboration d'un « fait » scientifique. La « création » des « sciences de faits » n'a été possible que le jour où les savants ont compris qu'il n'y a pas de faits purs, c'est-à-dire qu'un donné ne s'élève pas au rang de fait scientifique aussi longtemps que la science n'a pas établi un schème préalable de son objet [1].

Ce qui fonde le projet scientifique c'est la structuration de la pré-compréhension ontologique de l'étant. Dans cette démarche, le savant se trouve forcé de délimiter avec exactitude la zone qu'il se propose d'envisager et de découvrir une façon adéquate de conceptualiser l'étant dont il fait son objet. Heidegger appelle cet ensemble d'opérations la « thématisation ». Grâce à la thématisation, l'étant peut se manifester dans une découverte pure; il peut se présenter devant la science et devenir son ob-jet. *C'est le projet qui rend possible l'ob-jet*. La thématisation ne « pose » pas l'étant mais elle lui donne le pouvoir de se manifester. Le *Dasein*, en tant qu'il réalise le processus de la thématisation, se rapproche de l'étant par la *présentation spécifique* qu'il en fait. Ce qu'il y a ici de spécifique c'est que, dans une recherche scientifique, découvrir c'est s'attendre exclusivement à ce qu'il y a de manifeste dans le donné que rend présent le pro-jet scientifique [2]. La préoccupation quotidienne découvre aussi l'étant, elle le manifeste (le montre), cependant elle n'est pas orientée vers *le caractère manifeste comme tel*, mais vers *ce qui* se montre à lui, en étant manifeste. C'est pourquoi Heidegger parle, dans le cas de la science, d'une *présentation spéciale* (*explicite*) (*ausgezeichnete Gegenwärtigung*).

1. *S. u. Z.*, p. 362; *ET*, p. 424.
2. *S. u. Z.*, p. 363; *ET*, p. 426.

Si ce changement de « point de vue », (la passage de l'attitude quotidienne à l'attitude scientifique) est possible, c'est que le *Dasein* peut se projeter dans une existence vouée à la vérité, et ceci provient de ce qu'il est un être-dans-la-vérité (*In-der-Wahrheit-sein*); et aussi de ce que la « vérité » appartient à l'existence même. « La vérité – écrit Heidegger – comprise au sens le plus originel, appartient à la structure fondamentale du *Dasein* »[1].

Cependant, la thématisation suppose toujours que le *Dasein* dépasse (transcende) l'étant thématisé. Le dépassement ne consiste pas dans l'objectivation de l'étant; celle-ci, à vrai dire, présuppose le dépassement. Comme d'autre part, la thématisation résulte d'un changement de point de vue par rapport à la préoccupation quotidienne, il faut que la transcendance soit déjà présupposée dans cette dernière. Comme enfin l'être du *Dasein* est fondé dans la temporalité, la transcendance elle-même doit aussi être enracinée dans la temporalité. La temporalité doit rendre possible la transcendance.

Il nous faut éclaircir ces relations fondamentales, et pour cela passer à l'examen du problème de la transcendance. Notre source principale sera ici *Vom Wesem des Grundes*[2].

---

1. *S. u. Z.*, p. 226; *ET*, p. 277.
2. M. Heidegger, *VWG; EEF.*

CHAPITRE IX

LE PROBLÈME DE LA TRANSCENDANCE

L'étude du problème de la transcendance doit mettre en lumière la relation du *Dasein* avec le monde et montrer comment se réalise l'être-dans-le-monde. Elle nous fera apercevoir en même temps la nature des différents types de référence que nous avons analysés plus haut, et elle nous permettra de comprendre comment ils peuvent former une unité.

Quel est le sens du terme « *transcendance* » ? « Transcendance » signifie « dépassement ». Est transcendant, « transcende », ce qui réalise ce « dépassement », ce qui s'y établi de façon habituelle. Il s'agit donc d'un événement qui est propre à un étant. Si on le saisit d'un point de vue purement formel, ce dépassement apparaît comme une « relation » qui s'étend « de » (quelque chose) « à » (quelque chose). En ce sens, il comporte à titre de composante essentielle ce *vers quoi* il se dirige, et ce qu'on désigne habituellement, à tort d'ailleurs, sous le terme de « transcendant ». Et enfin, il y a, dans tout dépassement, *quelque chose* qui se trouve dépassé. Ces différents éléments sont empruntés à un événement d'ordre

« spatial », auquel le terme en question fait penser de prime abord [1].

En réalité – il importe de le préciser – la transcendance ne se réfère point à un mouvement spatial du *Dasein* : elle désigne une détermination fondamentale de l'existence, et c'est seulement sur la base de cette détermination que les mouvements dans l'espace deviennent possibles.

Mais il y a une seconde interprétation, qui paraît s'imposer. La transcendance ne se réfère-t-elle pas au dépassement du sujet vers l'objet ? C'est dans ce sens que *Husserl*, par exemple, emploie ce terme. Pour Husserl, les objets sont « transcendants », c'est-à-dire que le sujet doit accomplir un dépassement (dépasser son immanence) vers les objets donnés. Heidegger s'oppose à cette interprétation, comme nous l'avons vu plus haut : si nous partons d'un sujet enfermé dans son immanence, nous n'arriverons jamais à surmonter l'abîme ainsi créé entre l'objet et le sujet.

Mais vers quoi la transcendance peut-elle s'accomplir, si nous excluons les étants ? Heidegger répond : vers *le monde*. Le *Dasein* dépasse les étants vers le monde.

N'y a-t-il pas, ici, une démarche circulaire ? Il s'agit d'éclaircir le problème du monde. Pour y arriver, nous sommes amenés à faire appel à la transcendance. Et la transcendance,

---

1. *VWG*, p. 10 ; *EEF*, p. 104 : « Transcendance signifie "dépassement". Est transcendant, c'est-à-dire transcende, ce qui réalise ce "dépassement", ce qui s'y maintient habituellement. Il s'agit donc d'un événement qui est propre à quelque existant. Si on le saisit d'un point de vue purement formel, ce dépassement apparaît comme une relation qui s'étend « de » quelque chose « vers » quelque chose. En ce sens, fait essentiellement partie du dépassement la chose vers laquelle est orienté ce dépassement, et tel est ce qu'on a l'habitude de désigner à tort comme le "Transcendant". Finalement, il y a dans chaque dépassement quelque chose de dépassé. Tous ces éléments sont empruntés à une série de faits d'ordre "spatial", auxquels le terme en question fait tout d'abord penser. »

de son côté, nous renvoie au monde. Comment dont y a-t-il moyen d'en sortir?

Il ne faut pas oublier qu'il ne s'agit nullement de déduire logiquement le monde à partir de la transcendance, mais bien de découvrir un phénomène qui rende possible l'explication du monde? Si la transcendance est impossible sans le monde et si, d'autre part, il n'y a pas de monde sans transcendance, il semble bien que nous nous trouvons en face d'une connexion essentielle qui mérite d'être mise en lumière.

Comment le monde peut-il constituer le terme vers lequel se dirige le dépassement? Et comment le monde permet-il au *Dasein* de dépasser l'étant? Ces questions ne peuvent recevoir de réponse, aussi longtemps que la notion du monde n'est pas explicitée. Le dépassement dont il s'agit est évidemment absurde, si le monde est identifié tout simplement à la somme des étants. Il est impossible, en effet, de totaliser cette somme si ce n'est en additionnant les étants.

Heidegger commence par montrer que les différentes philosophies, depuis les Grecs jusqu'à Kant, n'ont jamais considéré le monde (*Kosmos, mundus, Welt*) comme la simple somme des étants naturels, mais qu'elles insistent toutes, avec plus ou moins de vigueur, sur la *relation* qui existe entre l'homme et l'étant considéré dans son ensemble. D'ordinaire, on ramène le concept du monde à la modalité (*Wie*) de l'étant pris dans son ensemble [1]. Cette dernière expression « l'étant pris dans son ensemble » (*das Seiende im Ganszen*) signifie que l'étant n'est pas saisi initialement comme un étant particulier, auquel viendraient ensuite s'ajouter d'autres étants; mais que, dès le début, il existe une certaine pré-compréhension de la totalité de ce qui est. Et cette précompréhension, comme nous allons le vois, précède d'une certaine façon la connaissance de l'étant particulier.

1. *VWG*, p. 25 ; *EEF*, p. 113.

La doctrine kantienne, relativement au concept du monde, peut se résumer en trois points :« 1. Le concept du monde, ce n'est pas l'enchaînement ontique des choses existantes, mais une totalité transcendantale (ou *ontologique*) des phénomènes. 2. Le concept de monde ne représente pas une « coordination » mais plus exactement une subordination des substances, ou, de façon plus précise encore, la série des conditions de la synthèse, « série qui s'élève » jusqu'à l'inconditionné. 3. Le concept du monde n'est pas une représentation « rationnelle », indéterminé quant à sa structure logique ; il est déterminé comme idée, c'est-à-dire comme concept pur et synthétique de la raison et il est donc différent des concepts de l'entendement »[1].

À côté de cette conception « cosmologique » du monde, il y en a une autre qui vise l'existence du Dasein, et c'est sur elle que Heidegger attire particulièrement notre attention.

> Le plus important objet dans le monde, auquel l'homme puisse appliquer tous les progrès de la culture, c'est *l'homme*, parce qu'il est à lui-même son but ultime. Le connaître selon son espèce, comme un être terrestre doué de raison, voilà ce qu'on peut appeler à juste titre une *connaissance du monde* bien que l'humanité ne constitue, en définitive, qu'une partie des créatures terrestres[2].

Une connaissance de *l'homme* est une connaissance qui s'attache « à ce que l'homme, en tant qu'être librement agissant, fait de lui-même, ou bien peut et doit faire de lui-même » ; *c'est donc précisément ce qui n'est pas* la connaissance

---

1. *EEF*, p. 124-125.
2. Kant, *Anthropologie in pragmatischer Hinsicht abgefasst*, 1800, 2. Aufl. Vorrede, WW (Cassirer), VIII, p. 3 ; trad. fr. M. Foucault, *Anthropologie du point de vue pragmatique*, Paris, Vrin, 2009.

de l'homme, d'un point de vue « physiologique », qu'on appelle ici connaissance du *monde* [1].

Ce concept du monde se réfère à l'« existence de l'homme dans une communauté historique » [2]. Heidegger l'appelle le *concept existentiel du monde*, parce qu'il renvoie à l'essence propre de l'homme. L'élément fondamental de la nature humaine est précisément la relation de l'homme aux étants pris dans leur ensemble. Si nous voulons essayer de saisir le concept de monde, nous devons tenir compte aussi bien de la manière dont l'ensemble des étants se manifeste que de la *relation* fondamentale de l'homme vis-à-vis des étants, relation qui seule rend possible la manifestation de l'étant comme tel.

Si nous voulons reprendre la question : « Qu'est-ce que le monde ? » et la résoudre à partir du problème de la transcendance, nous devons nous efforcer de saisir le monde selon les deux aspects qui viennent d'être indiqués : *la manifestation des étants dans leur ensemble* et *l'ouverture de l'homme sur les étants*. L'importance de ce dernier élément est capitale : c'est en lui que se fonde le monde. L'être-dans-le-monde et la transcendance sont une seule et même chose [3]. Ce qui a été dit du monde au début de ce travail garde toute sa valeur. Nous nous proposons simplement d'atteindre une explication plus complète. Nous ne considérons plus, désormais, le monde en lui-même mais en tant qu'il est le terme de l'acte de transcender. Ainsi l'explication de la transcendance devient nécessairement une explication du monde.

La première question qu'il nous faut poser est la suivante : quelle est la nature du monde, envisagée comme le terme vers

1. *VWG*, p. 23 ; *EEF*, p. 127. (Nous modifions légèrement la traduction de Corbin, dans laquelle « *Dasein* » est traduit par « réalité-humaine ».)

2. *VWG*, p. 12 ; *EEF*, p. 129.

3. *VWG*, p. 12 ; *EEF*, p. 129-132.

lequel s'accomplit la transcendance? Après avoir répondu à cette question, nous pourrons analyser la transcendance, non plus du seul point de vue de son terme final, mais pour elle-même, de façon intégrale.

Dès que le *Dasein* existe, l'étant lui est révélé dans son ensemble :

> La nature de l'ensemble ne doit pas être expressément saisie, son appartenance au *Dasein* peut rester cachée, et son étendue est variable. L'ensemble est compris, de façon sous-entendue, sans que le tout de l'étant qui est dévoilé n'ait été explicitement saisi dans ses connexions, ses régions et ses stratifications spécifiques, ni même « intégralement » exploré [1].

C'est dans et par cette compréhension de l'ensemble que le *Dasein* accomplit le dépassement de l'étant. Il convient de préciser le sens que prend ici le mot « dépassement »; sa signification courante qui se réfère à un mouvement spatial, devient, en effet, inadéquate en ce cas. Dans le dépassement au sens spatial, ce qui est dépassé est laissé en arrière et abandonné. Ici, par contre, le dépassement de l'étant ne signifie pas son abandon, bien au contraire; nous le comprenons de telle manière que cette compréhension le rend précisément manifeste en tant qu'étant. Mais dans ces conditions, avons-nous encore le droit de parler de dépassement, puisque nous restons près de l'étant? Examinons en quoi consiste exactement cet acte.

Le dépassement s'accomplit dans la saisie de l'*ensemble*. Heidegger caractérise cette saisie comme une *compréhension anticipative globale*. Elle précède d'une certaine façon la saisie des étants particuliers; elle est essentiellement projective. L'étant particulier se manifeste au *Dasein* selon son projet anticipatif. Ce projet est une compréhension *globale*, parce

1. *VWG*, p. 26; *EEF*, p. 132.

qu'il ne se limite pas à tel ou tel étant particulier, mais qu'il com-prend d'avance tout étant, plus exactement l'ensemble des étants.

Le terme « *ensemble* » est fort important. Rappelons qu'il ne s'agit pas de la somme des étants, mais bien du caractère essentiel qui appartient à chaque étant comme tel ; de sorte que'on peut affirmer de l'ensemble qu'il apparaît à la lumière d'une certaine compréhension de l'étant comme tel. Heidegger résout le problème de la signification de l'ensemble en répondant à deux questions :

– Quel est le caractère fondamental de l'ensemble ? ...
– Comment cette qualification du monde permet-elle d'éclaircir l'essence des rapports du *Dasein* avec le monde, c'est-à-dire d'éclaircir la possibilité intrinsèque de l'être-dans-le-monde (la transcendance) [1] ?

La compréhension de l'ensemble dépasse l'étant particulier. Grâce à elle, le *Dasein* peut se rendre compte de quel type est l'étant avec lequel il peut entrer en rapport, et de quelle espèce seront ces rapports. De son côté, l'ensemble (le monde) n'est pas un étant, il n'a pas la modalité d'être d'un étant. À la différence des étants particuliers, il n'existe pas, indépendamment du *Dasein*, il est *un pur projet dévoilant*. Ce projet-« ensemble » donne au *Dasein* la possibilité de dévoiler l'étant particulier, aussi bien à l'étant du type « *Dasein* », qu'à l'étant non humain. Pour que le *Dasein* puisse se réaliser comme être-soi (*Selbstsein*), il doit avoir dépassé l'étant. Dans ce dépassement, il comprend que son ipséité est liée à un *pouvoir-être*. Ce pouvoir-être lui est donné comme une tâche à laquelle il ne peut se soustraire. Dès que le *Dasein* existe, il se trouve obligé de réaliser son être, de

1. *VWG*, p. 26 ; *EEF*, p. 132.

devenir ce qu'il est. Cette idée, énoncée dès le début de ce travail, Heidegger la reprend dans la formule suivante : « *Das dasein est so, dass es umwillen seiner existiert.* » Le *Dasein* est tel qu'il existe en vue de lui-même. Cette nécessité ne préjuge en rien de son égoïsme ou de son altruisme. Dire que le *Dasein* existe en vue de lui-même, cela ne signifie nullement que toutes ces actions sont commandées par une préoccupation égocentrique, mais bien que son être est déterminé par son pouvoir-être et qu'ainsi toutes ses actions, toutes ses pensées, etc., représentent une certaine réalisation de son être-soi (de son ipséité). Le *Dasein* révèle ce qu'il est par ce qu'il peut devenir.

Or il ne peut réaliser son ipséité sans opérer un dépassement de l'étant vers le monde ; car le monde appartient nécessairement à son ipséité. Il n'y aurait pas d'ipséité s'il n'y avait pas de monde. Le monde n'est donc pas quelque chose qui est séparé du *Dasein*, il existe en fonction de (*umwillen*) l'ipséité. Par sa relation au monde, le *Dasein* réalise sa propre fin, à savoir son être-soi qui est l'ipséité. Le monde possède ainsi le caractère fondamental du « à-quoi-final ». Et c'est ce caractère qui rend possible les relations effectives du *Dasein* au sein du « monde », qui nous sont connues sous la forme du « pour toi », du « pour lui », ou « pour cela », etc. Le monde est essentiellement relatif au *Dasein*[1].

Il s'agit maintenant de comprendre cette fonction ultime que le monde exerce à l'égard du *Dasein* et qui constitue son caractère fondamental.

Dire que le monde est fonction du *Dasein*, c'est dire qu'il contient l'ensemble des relations que celui-ci doit nécessairement déployer pour pouvoir exister. Ces relations

1. *VWG*, p. 26 ; *EEF*, p. 132.

ont été analysées au début de notre étude : ce sont les relations référentielles.

Le *Dasein* se donne son monde, en projetant ses possibilités de façon originale. Par cette projection, qui est « jetée sur » les étants, le *Dasein* donne aux étants la possibilité de se manifester. L'*être-dans-le-monde* n'est rien d'autre que cet événement de la projection préalable, qui est en même temps un dévoilement de l'étant[1].

Pour être plus clairs, prenons un exemple concret. On parle du monde de l'artiste. Qu'entend-on par là ? Tout simplement le résultat de la projection des possibilités du *Dasein*, en tant qu'artiste. Pour qu'un monde de l'artiste, et un monde de l'art en général puisse surgir, il faut qu'un *Dasein* réalise son pouvoir-être sous forme d'existence artistique et mise sur cette existence. Et ce monde artistique n'existe que dans la mesure où il y a des artistes (ou des hommes capables d'entrer dans le projet artistique, de l'assumer). Dès que le *Dasein* se jette dans la possibilité de la vie artistique, il dévoile l'étant – qu'il regarde du point de vue de l'art – comme un étant qui est « beau ». Toutes les relations que l'on trouve au sein du monde sont donc déterminées d'avance par le choix que fait le *Dasein* de l'existence qu'il assume. Nous aurons encore à revenir sur le choix que suppose une telle décision.

L'étant se manifeste à partir de la projection dévoilante que fait le *Dasein* de ses propres possibilités. Dans cette projection se constituent les structures référentielles au sein desquelles l'étant peut se présenter à nous, et grâce auxquelles il se trouve toujours englobé dans une unité référentielle. On pourrait peut-être objecter que nous n'avons pas besoin de ce projet. Dès que nous sommes capables de percevoir, l'étant se présente à nos sens de façon immédiate. Mais y a-t-il

1. *VWG*, p. 27 ; *EEF*, p. 135.

perception véritable là où il n'y a pas de compréhension de
ce qui est perçu ? L'étant ne se dévoile à nous qu'à partir du
moment où nous sommes en état de l'intégrer à une unité de
références, et cette unité, c'est la « *Bedeutsamkeit* » dont il a
été question dans la première partie de ce travail.

L'expression « le *Dasein transcende* l'étant » signifie
précisément qu'il *informe* (*bildet*) le monde. Or, selon
Heidegger, cette opération comporte deux aspects : d'abord
le *Dasein* développe les références constitutives du monde
– en projetant une possibilité de son existence ; ensuite, il
réalise, grâce au monde, une *forme* (*image*) originelle qui
devient le modèle de tous les étants : c'est à partir de cette
image que le *Dasein* dévoile l'étant [1].

Cette expression, « le *Dasein informe* (crée) son monde »
a souvent été fort mal comprise. On s'en est autorisé pour
prêter à Heidegger l'idéalisme le plus absurde. C'est qu'on
avait commencé par identifier, à tort, le monde à la somme
des étants. Une fois cette confusion introduite, on se trouve
évidemment amené de façon nécessaire à comprendre
l'information du monde comme une création des étants dans
leur présence substantielle ; ce qui est, en effet, une absurdité.
Mais en réalité le monde de Heidegger ne se réduit pas à une
collection d'être du type du caillou, ou de la table ; c'est une
modalité fondamentale dans laquelle le *Dasein* « comprend »
les étants, c'est donc un mode de dévoilement des étants. Et
comme cette compréhension est fonction du type d'ouverture
du *Dasein*, laquelle dépend elle-même de ses possibilités
d'existence – enracinées à leur tour, finalement, dans la relation
fondamentale du *Dasein* à l'Être : Heidegger se trouve justifié
à affirmer que l'ensemble qui englobe les étants n'est autre
que la projection des possibilités fondamentales du *Dasein*.

---

1. *VWG*, p. 27-28 ; *EEF*, p. 135-136.

Cette projection se fonde elle-même en une volonté qui est liberté.

L'information du monde par le *Dasein* ne transforme pas les étants en simples « idées », purement subjectives. Les étants ne peuvent se manifester, et par conséquent, ne peuvent être éprouvés comme tels que s'ils appartiennent à un monde. Il est donc permis de dire que le monde, tout en étant, d'une certaine façon, subjectif, est en même temps la condition de toute objectivité[1].

L'étant pourra se manifester de bien des façons différentes, selon le monde auquel il appartient. Ceci ne doit pourtant pas nous induire à rechercher un étant en soi, situé en dehors de toute relation au *Dasein*. Il n'y a pas de vérité, c'est-à-dire d'ouverture sur l'étant en dehors de la compréhension qu'en a le *Dasein*, c'est-à-dire en dehors du monde. Aussi le monde scientifique ne dévoile-t-il pas l'étant d'une façon plus vraie que le monde artistique. La généralité et l'exactitude des énoncés scientifiques sont la rançon d'un appauvrissement du contenu.

Heidegger appelle ce dévoilement de l'étant qui s'accomplit par la projection du monde, « l'entrée au monde » de l'étant (*Welteingang des Seienden*). Il ne s'agit pas là, bien entendu, d'une attitude active de l'étant qui fait l'objet du dévoilement, il reste passif dans cette opération : en parlant de son entrée au monde, on veut indiquer simplement que, grâce au dévoilement, l'étant devient partie du monde, se trouve englobé dans un monde. Et comme il n'y a pas de monde sans transcendance, l'entrée au monde de l'étant est liée à l'existence du *Dasein* en tant que celle-ci accomplit la transcendance. La transcendance (comprise comme temporalisation du *Dasein*) est la condition de possibilité de l'entrée au monde de l'étant.

---

1. *S. u. Z.*, p. 366 ; *ET*, p. 429.

Et, comme *tout événement* historique présuppose l'appartenance des étants à un monde déterminé, c'est au fond la transcendance qui rend possible tous les événements comme tels. Et comme la suite des événements n'est autre chose que l'histoire, la transcendance est – en tant qu'elle est le fondement de la possibilité de tout événement – le fondement de l'histoire elle-même, ce que Heidegger appelle *Urgeschichte*. Ce terme « *Urgeschichte* » ne désigne pas une histoire qui précéderait temporellement l'histoire proprement dite, une sorte de préhistoire [1], mais bien ce qui rend possible toute histoire, c'est-à-dire la *transcendance*. Cette « historialisation » (si l'on peut dire) n'est pas la somme des événements passés. Elle est la temporalistaion du *Dasein*, qui se temporalise par là même qu'il existe [2].

La manière dont nous réalisons l'entrée au monde de l'étant détermine la manière dont nous réalisons notre propre être, parce que le projet constitutif du monde n'est que la projection de nos possibilités d'existence.

Le *Dasein* projette ses possibilités d'existence – nous l'avons dit – par le *vouloir* (*Wille*). La volonté projette les fins en vue desquelles le Dasein forme son existence, et selon lesquelles il existera en-vue-de-soi (*Umwillen-seiner-selbst*). L'usage des termes « *Willen* » et « *Unwillen* » indique la liaison intrinsèque qui existe entre le vouloir et la finalité ultime du *Dasein*.

Précisons la nature de ce vouloir. Tout acte de vouloir doit s'établir dans les relations référentielles qui caractérisent le monde. Cependant, Heidegger prend le vouloir dont il est ici question dans un sens plus originel : il s'agit de ce qui, dans

---

1. Le terme « protohistoire » qu'emploie M. Corbin ne doit donc pas être compris au sens temporel, il doit plutôt indiquer qu'il s'agit d'une histoire originelle qui rend possible l'histoire au sens courant.

2. *VWG*, p. 28 ; *EEF*, p. 136.

le *Dasein*, projette les possibilités d'être soi-même ; possibilités qui, à leur tour, détermineront les relations référentielles constitutives du monde. La volonté ainsi définie est dans son essence *liberté*, « le dépassement [de l'étant] vers le monde est la liberté même »[1]. Les possibilités qui sont projetées déterminent la nature des structures référentielles qui engendrent l'unité des étants intramondains.

Le *Dasein* ne se trouve pas en face d'une finalité toute faite comme un but qui serait fixé de l'extérieur, mais il se donne lui-même sa fin dans la transcendance. Il se dépasse vers ses propres possibilités et, en se dépassant, il se lie à lui-même comme être-soi (ipséité). La liberté conçue comme un dépassement de soi qui permet au *Dasein* d'arriver à son être-soi, rend possible l'*obligation*. Le *Dasein*, étant essentiellement liberté, peut former un monde, en se projetant dans les possibilités qu'il va assumer.

Jusqu'ici, nous avons considéré la transcendance en insistant avant tout sur le terme vers lequel le *Dasein* se dirige. Nous l'avons donc identifiée, tout naturellement, à la structure fondamentale de la compréhension : c'est par elle, en effet, que le *Dasein* se projette vers un monde. Mais la transcendance ne peut se réaliser sans une collaboration de la disposition (affec-tive). Le *Dasein*, en effet, n'est pas constitué uniquement par la compréhension. Puisque la transcendance doit englober l'être-dans-le-monde dans sa totalité, nous devons essayer de comprendre comment s'intègre le second existential, et montre en quel sens on peut dire que la compréhension et la disposition (affective) sont les co-constituants de la transcendance.

En informant le monde, le *Dasein* projette ses comportements possibles à l'égard des étants. On voit donc comment « dans et par son dépassement [de l'étant] le *Dasein*

1. *VWG*, p. 31 ; *EEF*, p. 142.

revient à l'étant » [1]. La formation du monde, dans le projet, rend possible le dévoilement de l'étant ; mais cette projection elle-même, ne vise pas encore l'étant de façon directe, elle ne le dévoile pas encore : « Il [l'étant] devrait même rester dissimulé, si le *Dasein* projetant, *en tant qu'il projette*, n'était pas déjà *au milieu des* étants » [2].

Si le *Dasein* est au milieu des étants, ce n'est pas du tout au sens où un étant non-humain peut être au milieu d'autres étants. Il s'agit d'une présence qu'il faut comprendre à partir de la disposition (affective). L'homme « découvre » préalablement l'étant par la disposition. C'est grâce à la disposition (affective) qu'il est d'emblée ouvert aux étants intramondains [3].

Si on l'envisage dans son rapport à la transcendance, la disposition (affective) apparaît comme le point de départ de l'acte de transcender. Nous ne pourrions, en effet, parler d'un dépassement de l'étant s'il ne s'était pas donné d'une certaine façon au *Dasein* qui le dépasse. Celui qui accomplit le dépassement doit donc déjà être ouvert sur l'étant qu'il dépasse [4]. Or, l'étant lui est précisément donné dans et par la disposition (affective). La disposition constitue ainsi le lien originel qui unit le *Dasein* à l'étant. Le *Dasein* forme son monde en transcendant l'étant, par lequel il avait été préalablement disposé de façon affective [5].

Nous retrouvons ici une forme d'implication réciproque semblable à celle que nous avions déjà rencontrée en étudiant la temporalisation. De même que les différentes extases temporelles ne sont possibles que dans leur union, ainsi le

1. *Ibid.*
2. *VWG*, p. 31 ; *EEF*, p. 142.
3. *S. u. Z.*, p. 137 ; *ET*, p. 182.
4. *VWG*, p. 33 ; *EEF*, p. 145.
5. *Ibid.*

projet formateur du monde présuppose le *contact affectif* du *Dasein* avec l'étant. Mais ce contact implique de son côté une certaine révélation du monde (*Weltdämmer*). Le *Dasein* ne pourrait être affecté par quoi que ce soit s'il ne possédait une certaine compréhension du monde.

La similitude des relations qui existent entre les extases de la temporalité d'une part, et de celles qui existent entre les éléments de la transcendance d'autre part, n'est évidemment pas due au hasard. S'il y a une similitude, c'est que nous avons affaire de part et d'autre à un même phénomène, à une essence identique. Le *projet* du monde nous amène à l'existential « compréhension » ; *se trouver* au milieu des étants, ce n'est rien d'autre qu'être affecté par eux ; cette détermination nous amène donc à l'existential « disposition ». D'autre part, les analyses de la compréhension et de la disposition qui ont été faites plus haut ont mis en évidence les relations respectives de ces structures avec l'avenir et le passé[1]. Dans la compréhension, le *Dasein* se temporalise comme avenir, dans la disposition il se temporalise comme passé. Et comme l'avenir précède d'une certaine façon les autres extases (sans être possible toutefois, fondamentalement, indépendamment de celles-ci), de même le projet du monde est lié à la disposition (affective) du *Dasein* au milieu des étants : il la présuppose et en même temps il la rend possible. Ainsi le projet et la disposition forment une unité qui n'est rien d'autre que la transcendance. Tâchons de le montrer de façon plus claire encore.

En formant le monde, par la projection de ses possibilités, le *Dasein* se dépasse lui-même car le projet des possibilités est toujours plus riche que les possibilités qui sont réalisées.

---

1. *Cf.* aussi A. de Waelhens, *La philosophie de Martin Heidegger, op. cit.*, « La temporalité de la structure indifférenciée du *Dasein.* »

Existant au milieu des étants, par lesquels il est affecté, le *Dasein*, en fait, se trouve toujours avoir déjà réalisé certaines possibilités. Et par le fait même de ces réalisations, d'autres possibilités deviennent inaccessibles, il en est privé – comme dit Heidegger. La privation de ces possibilités, fondée sur la nature du *Dasein* comme être-jeté, n'a cependant pas un rôle purement négatif. Elle délimite de façon positive l'espace de jeu laissé au *pouvoir-être* réalisable du *Dasein*.

En projetant le monde, le *Dasein* se présente à lui-même les possibilités qui lui sont accessibles. Or le projet du monde n'est pas une opération arbitraire : il est limité par la facticité ; et toute réalisation est donc en même temps une privation (une nouvelle limitation du champ des possibilités). C'est pourquoi Heidegger est conduit à donner de la transcendance la définition suivante : « *Die Transzendenz ist über-schwingend-entziehend zumal* »[1]. La transcendance est en même temps un dépassement et une privation Le fait que le projet du *Dasein* n'est réalisable que sous la forme d'une privation (limitation), dénote le caractère fini du *Dasein*, le caractère fini de la liberté elle-même.

Nous n'avons insisté, jusqu'ici, que sur deux moments qui constituent la transcendance. Le *projet* du monde et la *disposition* (affective). Venons-en au troisième moment, le *comportement* proprement dit du *Dasein* vis-à-vis des étants.

Le projet du monde n'est pas un comportement, la disposition non plus, mais tous deux rendent le comportement possible. Dans *Vom Wesen des Grundes*, Heidegger définit le comportement (*Verhalten*) comme une *présentation*. Le comportement présente les étants en les « justifiant ». Le terme *justifier* (*begründen*) est pris dans un sens très large ;

---

1. A. de Waelhens, *La philosophie de Martin Heidegger, op. cit.*, p. 34.

il veut dire : rendre manifeste l'étant en ce qu'il est et tel qu'il est.

Dans et par la transcendance, le *Dasein* se temporalise en se dépassant grâce au projet du monde, tout en étant déjà disposé (affectivement) par les étants auxquels il revient en prenant tel ou tel comportement à leur égard. Nous avons appelé, au début de notre étude, ce comportement du *Dasein* la *préoccupation* (*Besorgen*). La préoccupation du *Dasein* ne se rapporte pas à l'étant comme à un terme isolé, mais elle le comprend toujours dans la connexion qui le lie à d'autres étants, auxquels il se réfère (unité de destination). Et le *Dasein* ne peut rencontrer une telle unité de références que s'il possède une pré-compréhension des relations qui la constituent.

L'unité de destination se fonde toujours sur un *à quoi final* qui justifie chacun des « *à quoi* » *particuliers* et qui indique la relation de l'unité de destination avec le *Dasein* (le *à quoi final* est toujours un *en-vue-de-soi*). Le *à quoi final* est projeté dans le projet du monde. C'est par ce projet que le *Dasein* se temporalise, dans une tension permanente vers l'avenir ; et c'est ainsi qu'il arrive à son être-soi authentique ou in-authentique, suivant la nature de la possibilité qu'il s'est ouverte.

Pour *revenir* à lui-même, le *Dasein*, jeté au milieu des étants, doit être mis par ceux-ci dans une certaine disposition affective (accord) et s'éprouver ainsi lui-même comme *étant-déjà*. Nous rencontrons ici la structure du *passé*.

> Existant en vue de lui-même, dans l'état d'abandon à soi dans lequel l'établit la situation d'être-jeté, le *Dasein* en tant qu'être-auprès-de… est en même temps présentant. Le schème de l'horizon du *présent* est déterminé par le *à quoi*[1].

---

1. *S. u. Z.*, p. 365 ; *ET*, p. 427-428.

Et Heidegger rappelle ici encore l'unité des trois extases dans la temporalisation du *Dasein*. « À partir de son ek-sistence de fait, [le *Dasein*] projette dans l'horizon de l'avenir un certain pouvoir-être, tout en se révélant à lui-même son « être-déjà » dans l'horizon du passé et en découvrant dans l'horizon du présent, ce dont il est préoccupé »[1].

Nous avions montré dès le début de cette étude le rôle des différences du *à quoi*, du *pour cela* et aussi de la référence fondamentale que nous avions appelée le *à-quoi-final*, et qui fonde les autres relations référentielles. Mais nous ne nous étions pas demandé comment il serait possible de réunir ces différentes catégories de références. Or il devient possible ici de poser ce problème. Après avoir analysé la structure temporalisante du *Dasein*, Heidegger montre que les références du « à quoi » et du « pour-cela » sont des formes de la présentation ; le « à-quoi final » (ce en vue de quoi les autres références existent) est projeté dans la temporalisation de l'avenir, lorsque le *Dasein* s'ouvre à ses possibilités d'existence. Les deux types de relations référentielles sont donc réunies grâce à l'unité qui forme la base de la temporalité. Et comme ces deux sortes de relations sont indispensables à la mondanéité du monde (*Bedeutsamkeit*), nous pouvons conclure que *sans temporalisation il n'y a pas de monde*. Le *Dasein* est essentiellement temporalisant : c'est pour cela qu'il transcende, c'est pour cela qu'il forme nécessairement un monde : « C'est dans la mesure où le *Dasein* se temporalise, qu'*il y a un monde* »[2]. Le *Dasein* fondé dans la temporalité doit exister sous la forme de « l'être-dans-le-monde », c'est-à-dire dans un monde qu'il forme lui-même, en transcendant les étants et en les dévoilant dans l'acte de les dépasser : « Le monde

1. *S. u. Z.*, p. 365 ; *ET*, p. 427-428.
2. *Ibid.*

n'est pas [un étant] simplement donné, ni non plus [un étant] sous la main, mais il se temporalise dans la temporalité »[1]. Il s'en suit qu'il n'y a pas de monde sans *Dasein*.

Les modalités du comportement du *Dasein* à l'égard de l'étant, soit dans la préoccupation quotidienne, soit dans la découverte scientifique de l'étant, présupposent toujours le monde ; ce sont des modalités de l'être-dans-le-monde.

On peut appeler le *Dasein* extatique-transcendantal un « sujet » ; on peut dire alors que le monde est quelque chose de subjectif : « Mais ce monde « subjectif », compris dans sa structure temporelle-transcendantale, est plus « objectif » que n'importe quel « objet » possible »[2] parce qu'il est ce qui rend possible tout objet en tant que tel.

Nous avons essayé de montrer comment le *Dasein*, et par conséquent le monde, ne sont possibles que sur la base de la temporalité, qui elle-même se réalise dans la transcendance. La transcendance est donc l'événement fondamental du *Dasein*. C'est grâce à elle et en elle que le *Dasein est* dans le monde. L'être-dans-le-monde, bien que comportant divers moments structurels reste un phénomène unifié, dont l'unité se fonde dans l'unité première des extases temporelles.

Il reste à se demander quel est le sens du temps lui-même et quelles sont les conséquences qui vont être entraînées par la mise à jour de la structure temporelle du *Dasein*.

On peut lire à la première page de *Sein und Zeit* : « le but préalable [de cet ouvrage] est l'interprétation du *temps* comme horizon possible de toute compréhension de l'Être »[3].

---

1. *Ibid.*
2. *S. u. Z.*, p. 366 ; *ET*, p. 429.
3. *S. u. Z.*, 1 ; *ET*, p. 21.

La problématique qui a été développée jusqu'ici nous renvoie donc au problème de l'Être. À la fin du paragraphe 69 qui achève l'examen du problème du monde, Heidegger remarque « que l'élaboration concrète de la structure du monde en général et de ses variations possibles, ne peut être envisagée que si l'ontologie des étants intramondains possible est suffisamment orientée par une idée éclaircie de l'Être en général »[1].

Cette élaboration devait occuper la troisième section de la première partie de *Sein und Zeit*; elle n'est pas encore publiée. Qu'il nous soit permis cependant d'esquisser le schéma de la problématique du monde que l'on peut trouver dans les écrits postérieurs à *Sein und Zeit* et à *Vom Wesen des Grundes*.

L'exposé qu'on vient de lire soulignait le caractère de *projection* du monde, sans préciser en quoi se fonde la transcendance qui est à sa base. Il s'efforça en cela se suivre fidèlement la marche des deux ouvrages qui viennent d'être cités. Mais comme Heidegger l'affirme de façon expresse, l'analytique existentiale ne constitue pas le véritable objectif de sa réflexion. Elle n'a d'autre but que de préparer la problématique de l'Être. Ainsi, par exemple, le caractère temporel du *Dasein*, qui a été mis en évidence dans l'analytique existentiale, ne nous permet pas de dire que l'Être lui-même soit temporel, bien qu'il y ait sans doute une relation entre l'Être et le temps, relation qu'indique le titre même de l'ouvrage capital de Heidegger. C'est surtout à la problématique de l'Être qu'il a consacré ses efforts ultérieurs. Nous essayerons d'analyser dans un autre travail les résultats auxquels il est parvenu : son vocabulaire philosophique – et donc sa philosophie elle-même – a pris une signification plus riche,

---

1. *S. u. Z.*, p. 366; *ET*, p. 429.

plus originelle, parfois fort différente de ce qu'elle avait été auparavant. Dès maintenant nous pouvons dire que le projet du monde qui s'accomplit dans la transcendance joue un rôle fondamental dans la position que prend le *Dasein* dans l'éclaircie de l'Être. La transcendance elle-même n'est pas possible sans l'ouverture de l'homme sur l'Être, de sorte que Heidegger peut dire : « L'Être lui-même arrive à se dévoiler à travers le monde. Être-dans-le-monde signifie au fond : être ouvert à l'Être, se trouver placé dans l'éclaircie de l'Être »[1]. La projection elle-même prend un sens nouveau : comme Heidegger l'écrit dans sa *Lettre* à Beaufret, « Celui qui jette dans la projection ce n'est pas l'homme, c'est l'Être lui-même... »[2].

Au terme de cet exposé, nous voudrions proposer quelques remarques critiques. Heidegger pose le problème du monde tout autrement qu'on ne le fait ordinairement. Il ne se contente pas d'élargir la problématique habituelle, mais il modifie radicalement le contenu même du problème, en faisant du monde la visée fondamentale du *Dasein*. Il est cependant regrettable que les analyses concrètes qui conduisent à l'explication de la *mondanéité* du monde se bornent à décrire le monde environnant du *Dasein* quotidien. Nous avons essayé d'expliquer comment ce point de départ se justifie entièrement dans le cadre de la problématique de *Sein und Zeit* ; il nous manque cependant une analyse du monde proprement dit, monde dont la *serviabilité* ne constitue pas la relation de référence fondamentale. Car il y a là une source de malentendu, qui a conduit certains interprètes à considérer Heidegger comme un matérialiste pour lequel il n'existerait que des « outils ». De telles objections sont évidemment dépourvues

1. *ÜH*, p. 34 ; *LH*, p. 101-102.
2. *Ibid.*, p. 84.

de fondement. Dans les écrits postérieurs à *Sein und Zeit*,
consacrés à l'interprétation des poèmes de Hölderlin, on
trouve les éléments d'une analyse du monde proprement dit ;
mais, en général, ils sont restés inaperçus, parce qu'ils se
trouvent intégrés à une explication philosophique de l'essence
de la poésie, de l'essence du sacré. Des analyses concrètes,
du genre de celles que Heidegger a données dans ses cours,
à propos du monde occidental et du monde grec, seraient ici
très éclairantes.

On peut dire cependant que, dans ses différents ouvrages,
il a jeté les fondements d'une problématique du monde ; il a
ouvert les voies à une analyse philosophique de l'essence
véritable de ce que nous appelons le monde ; ce monde qui
est pour nous, d'une certaine manière, ce qu'il y a de plus
proche, et que nous manquons cependant toujours d'apercevoir ;
malheureusement, il a négligé jusqu'ici d'en donner des
analyses plus détaillées – au moins dans ses œuvres publiées
(à la date de cet essai !). Dans la mesure où il nous a été
possible de prendre connaissance des œuvres inédites de
Heidegger, nous avons pu nous rendre compte qu'il rapproche
la problématique du monde à celle de l'Être, en sorte que le
concept de monde se trouve presque identifié au concept de
l'Être. Ainsi, on peut lire dans la conférence *Vom Ursprung
des Kunstwerkes* (*De l'origine des œuvres d'art*) :

> Le monde est plus étant que les choses saisissables, sur
> lesquelles nous pouvons compter, au milieu desquelles nous
> nous croyons chez nous, dans une [atmosphère de vie]
> quotidienne. Mais le monde n'est cependant pas un objet
> qui se trouve devant nous. Il est ce qui est toujours non-
> objectif. Mais tout en n'étant ni un objet, ni une chose, il
> n'est cependant pas un terme abstrait. Le monde est plus
> concret que tout objet concret, parce que c'est en réalité en
> lui et à partir de lui que tout ce qui apparaît et tout ce qui

est présent surgit et se coordonne. Le monde reste le non-objectif dont nous dépendons, parce que nous existons dans son ouverture[1].

Toutefois, il n'est plus question, dans cette perspective, d'un véritable projet du monde, étant donné que le *Dasein* ne peut projeter l'Être, mais qu'il se trouve au contraire « jeté » par lui : c'est pourquoi dans les écrits ultérieurs à *Sein und Zeit*, c'est l'Être qui est appelé proprement le projetant. Mais il ne nous sera possible de voir clair en tout ceci que lorsque de nouveaux inédits de Heidegger auront été publiés.

Il y a un autre problème, lié à la problématique générale du monde, qui n'a pas été examiné directement par Heidegger et qui présente un intérêt évident : c'est celui de la relation qui existe entre le monde historique d'une époque donnée et les différents mondes personnels de ceux qui vivent dans cette époque : il faudrait expliquer comment les éléments typiques d'une époque viennent à se manifester dans ces mondes personnels. Nous avons montré, au cours de notre exposé, comment Heidegger conçoit la relation du monde scientifique au monde quotidien du *Dasein* et comment, selon lui, l'attitude scientifique dépouille le monde environnant de son caractère de monde. Mais Heidegger laisse de côté d'autres problèmes, et qui nous paraissent extrêmement importants : quelle est la relation entre le monde scientifique et le monde poétique, et, d'autre part, quelle est la relation entre le monde poétique et le monde philosophique. Dans son interprétation de l'œuvre de Hölderlin, Heidegger accorde au poète une signification fondamentale. Mais il ne distingue pas de façon suffisamment explicite l'essence du poète de celle du philosophe. Comment faut-il comprendre les relations de ces différents mondes les

1. Citation d'après le manuscrit. Le passage correspondant se trouve dans *Holzwege*, p. 33.

uns avec les autres ? Et comment faut-il comprendre leur commune prétention à la vérité ? Étant donné que Heidegger ne conçoit pas la vérité comme une adéquation mais comme un dévoilement, on se trouve acculé à la question suivante : où s'opère réellement le dévoilement fondamental qui porte tout notre *Dasein*, dans lequel nous nous trouvons, dans lequel nous ek-sistons ? Y a-t-il un critère pour en décider ? Et d'ailleurs, peut-on à bon droit poser ici une question de critère ?

Après ces remarques générales, venons-en à des critiques qui touchent des points de détail. La première concerne la compréhension du *Dasein* par lui-même. Heidegger accorde à l'angoisse une signification fondamentale. À juste titre, car, dans l'angoisse, dans l'expérience de la mort, l'homme perçoit le caractère irrévocable et irréversible de son existence ; l'angoisse l'arrache à la déchéance du « on » – le rend conscient de son essentielle singularité. Il est renvoyé à lui-même en tant qu'individu. Mais l'expérience de l'angoisse ne nous garantit pas encore que cette connaissance, cette expérience de l'unicité et de la finitude du *Dasein*, soient réellement efficaces. Seul le comportement de l'homme (entendu au sens le plus général) peut nous l'apprendre. Il ne faudrait pas considérer en effet que l'homme perd nécessairement de son ipséité chaque fois qu'il se tourne vers l'étant. (Pareille interprétation a reçu un certain crédit, du fait que Heidegger est parti, dans son analyse, du *Dasein* quotidien pour qui, en général, le rapport à l'étant est effectivement perte de soi.) Il faut donc insister sur la possibilité d'un rapport authentique du *Dasein* à l'étant, pour ne pas s'exposer à croire que seul le philosophe réfléchissant sur lui-même possède ce privilège de retrouver le caractère véritable du *Dasein*.

Nos rapports avec les choses ne nous conduisent à une compréhension faussée et inauthentique que lorsque nous

nous comprenons nous-mêmes à la manière des choses. Par contre, lorsque nous voulons porter un jugement sur un homme, il est essentiel que nous examinions son comportement effectif à l'égard des choses, en le considérant en lui-même, en tant que tel. C'est sur ce comportement et sur lui seul que nous pouvons juger un homme.

Il nous paraît donc plus exact de dire que ce n'est pas dans un mouvement de retour sur lui-même en tant que tel (bien que ce moment lui aussi soit indispensable), mais bien dans le déploiement de son rapport à l'étant, dans son ouverture à l'égard de l'étant, que le *Dasein* conquiert son authenticité.

Les pages qui précèdent offrent au lecteur quelques indications qui lui permettront de comprendre en quel sens évolue la méditation de Heidegger. Notre but était avant tout de montrer que le problème essentiel, selon Heidegger, est la question du sens de l'Être – le problème du monde renvoie au problème de l'Être.

Aussi longtemps que nous n'aurons pas plus de clartés sur la problématique de l'Être, le problème du monde restera, lui aussi, enveloppé d'une certaine obscurité. Il nous suffisait peut-être d'en faire pressentir le véritable caractère et de montrer ainsi la nécessité avec laquelle cette problématique s'impose à nous.

NOTE DE L'ÉDITEUR

L'éditeur n'a pas jugé utile de reprendre la liste des ouvrages de Heidegger puisqu'une bibliographie complète (textes allemands et traductions françaises) établie par C. Sommer, est accessible en ligne sur le site des Archives Husserl de Paris (UMR 8547, CNRS/ENS).

TABLE DES MATIÈRES

DEUXIÈME PARTIE

Imprimé en France par CPI
en novembre 2015

Dépôt légal : novembre 2015
N° d'impression : 131801